文化啓示錄

南方朔著

三民叢刊 61

三民書局印行

序——三個TURE

南方朔

或許，在這個進步的時代，隨著進步的浪潮已捲起太多黑暗且惡劣的品質，於是，「文化」突然之間受到了空前的重視。

然而，誠如聖奧古斯丁談到「時間」時所說的：「什麼是時間？如果沒有人問我這個問題，則我知道，但當我想向問我的人說明時，我卻又不知道了。」「文化」亦然，似乎每個人都知道何謂「文化」？當一旦被確切問及，卻又彷彿無人能夠清楚的掌握何謂「文化」？今日所謂的「文化」（Culture）並非太舊的事務。德文的「文化」（Kultur）始於一七九七年，英美則到了一八七一年似乎才接受這個新字及它背後的概念，「文化」比與它對應的「文明」（Civilization）整整的晚出現了將近三個世紀。早期的「文明」通常均被當作動詞來使用，指的是「文明開化」之意，它所針對的乃是對「落後」異民族的文明教化。直到十九世紀後期，「文化」「文明」這兩組字辭才逐漸開始區隔，「文明」被賦予更多物質性的涵義，而「文化」則具有人類學上生活方式與價值的涵義。曾有學者對各種「文化」的定義作過分析，有關「文化」的定義多達數百種，當定義太多，也就等於失去了定義，因此何謂「文化」？我們所知的仍然不多。「文化」彷彿是個無所不包的概念與範疇，政治有「政治文化」，飲食有「飲食文化」，體育有「體育文化」，甚至諸如文學、音樂，以至於居住、嫖妓也莫不各有「文化」。至於有些人將「文化」界定在狹義的文學藝術則更不在話下了。「文化」的無所不包，使得它幾乎可以指稱一切事務。然而這卻也正是「文化」的問題，當它涉及的範圍過廣，它就難以有用。這時候，或許就必須從另外的角度來重新探討「文化」。

今日人們所謂的「文化」是一個「集體名詞」，它指的是「生活方式」與「價值體系」的整體。從概念的發生學角度來探討，「文化」這個概念可以分為兩個階段：

在第一個階段，「文化」所強調的是「區隔」。十八世紀的西方已開始富強的文明躍昇，它已必須和落後地區有所「區隔」，因而「文化」遂成了最好的區隔性概念。「文化」的區隔與等差，也就形成了長期以來的不對等論述關係。西方的「文化」宰制著非西方的文化，而非西方國家為了抵擋文化的被宰制，各種相對應的「文化復興」遂告出現，它所能努力的不外是各種消極面的工作，諸如古舊建築物的保存，骨董及傳統藝術形式的維繫，甚至古書新刊等形式主義方面的努力。因此或許可以說，區隔式的「文化」概念乃是帝國主義時代的概念，它是西方意識型態支配結構中的重要一環。

不過，從本世紀中葉開始，世界結構開始逐漸改變，殖民時代也告終結，「文化」作為一種總體性的「區隔」概念不再有效之後，它作為各國家各族羣的生活方式以及價值系統的意義遂逐漸擺到了正位。它是生活、思想、審美等各種公私領域的共同特徵與最基礎的那個構造，這時候的人們也就開始能夠更確切的看待「文化」問題了。

因此，何謂「文化」？

㈠在「公」的方面，它是一種價值秩序和信念的系統，依靠著它的傳承與革新，一個社會能更有條理、更有是非對錯的持續發展。

㈡在「私」的方面，它是人的各種品質的不斷提升，這種品質的提昇反映在生活與審美等各類事務上。

基於這樣的思考，「文化」(Culture)的意義其實並不複雜，它是人們由「自然」(Nature)，在經過漫長的「教養」(Nurture)之後所凝結反省而顯示的總結成果。由「教養」而有「文化」，這不正是人類日益擺脫野蠻粗魯的「自然」的過程嗎？而正因這個世界上仍存在著「教養」的不足，仍有支配、粗暴、野蠻，對「文化」也就格外的需要不斷的批判。「文化」是一切的總結，同時也是一切的基礎，在一個社會進行變革之際，「文化」自然也就成了最主要的反省課題。制度是硬體，連綴制度的那些「文化」或許才是更重要的軟體。

目前的臺灣正在走向加速的變革中，相應的是一切變革之後的那個「文化」改變卻明顯的落後太多。「文化」與現實的落差是作者近年鍥而不舍於「文化」問題的原因，本書則是一部分思考的階段性終結。特別要感謝的是《中時晚報》羅智成、《中國時報》莫昭平等友人不斷的鼓勵。「文化」的事功了無盡期，但願有更多的人來關心我們的「文化」！

一九九三年七月一日

文化啟示錄

目次

本土批判篇

文化解讀篇

性與文化批判

本土批判篇

每個人都可能成爲「三分鐘英雄」

相貌並不出眾，也不性格，更沒有魁梧身材的布魯斯威利士，在「雙面嬌娃」連續劇裏並沒有獨特的表現，卻以「終極警探」而大紅，成了「九〇年代的象徵」，甚至還可以說是「後現代的大眾英雄」！

「終極警探」不同於象徵了英國貴族官僚階級的「〇〇七」；也不同於肌骨虬健的「藍波」——它是「後越戰時代」美國愛國主義的反撲，受委屈而卻勇健壯碩的史蒂龍不正是美國的寓意？「終極警探」有多重意義，布魯斯威利士具有「後現代」意義的地方是：平凡一如鄰居的叔叔大哥，縱使與匪徒搏鬥也吊兒郎當，但一旦眞正面對面時，他卻效率勇敢齊出。平凡的表面，生活的隨便有趣，做起事來卻潛力無窮，一個人抵得上千軍萬馬，這些乃是西方「後現代理論」中積極的一面，它是個人主義以及現代性更進一步的發展。由於以「現代」爲前提，它遂撐得出以個人爲單位的眞正多元主義，而不致被多元的混亂所吞噬。因此，沒有「現代」即不可能有「後現代」；離開「現代」而奢談「後現代」，就成了鸚鵡學舌，不但抓不住「後現代」，甚至連「現代」都會荒廢。

現在，「後現代」已成爲臺灣知識圈的流行新名詞，一如五〇年代迷信邏輯經驗論，六〇年代迷信存在主義，但臺灣的整體文化又如何呢？

最近，我們在廣義的文化事務上讀到了這些訊息：「大學先生、小姐選拔」業已開始，「第一屆全國寵物裝扮選美大賽」，「一九九〇舞星爭霸戰」，摸黑舉行的「月光杯保齡球大賽」，「房車大賽」的「新人賽」……等等無奇不有的活動相繼推出。另外則是大玩禁忌符號遊戲的「火燒總統府」影片開排，「電話交友中心」門庭若市，影星歌星的「出版秀」大發利市……。這些都是大眾消費向文化及生活世界的繼續延長。美國「普普藝術」尖兵、「後現代藝術」奠基人之一的安迪瓦荷曾經有過一句傳誦一時的名言：「這是個每個人都可能成爲三分鐘英雄的時代。」這倒頗能爲上面所列舉的現象作注腳。

將文化及文化活動作爲一種表演及商業性質的展示，臺灣的這些活動宛若一塊塊「補貼」，連綴成文化變貌上的種種蜉蝣般的風景，三分鐘即告消失，不會有生成變化，也不會衍生爲文化風格的一種，都是朝生暮死，不留回憶，當然也沒有文化的縱深。

在西方，「後現代」可以沒有文化縱深，因爲他們的文化縱深早已深埋在「現代」的土壤裏，但在臺灣，卻是眞正的失去了文化縱深的一塊土地。歌星影星以及名人當然有出版的自由，但在臺灣沒有文化縱深的情況下，出現的卻是一些純然不知所云的紙料；反之，若能有文化縱深，我們則可能看到諸如伍迪艾倫等人的精采著作。影歌星及名人的「出版秀」，和「劵迷俱樂部」，名導演到殯儀館燒香謝謝「好兄弟」照顧票房，花東海岸的淘金撈寶，超過五百個但只不過是藉名義來圖利逃稅的「財團法人文教基金會」，中廣公司「聽眾熱線」節目炒作斷肢截舌謠言……等等，其實都是相同的事務——它們或者是逾淮之橘，或者是舊的腐朽文化的殘餘，或者就是文化的缺乏起碼的規格，而綜合出來的則是它們都沒有了文化的縱深，只剩下虛妄的廣幅。臺灣和西方相同，人家有的，我們也有，差別的則是我們有的卻都不成個樣，於是，臺灣的整體文化就很像流行的服裝，原始的、中國的、西洋復古的、東洋流行的、超現代的、準舞臺風格的，海陸雜陳宛若文化拼圖，卻沒有一個色塊出於自己，全都是虛擬的抄襲。臺灣是個虛擬的後現代社會，大眾傳播和大眾消費，已支持出了一個無所不有、一切雜陳，彷彿萬花筒的景象，但這一切卻並不立足在「現代」之上，卻是立足於「前現代」之上！

西方近年興起「後現代」學說，引起極大爭論，崇信一套意識型態走萬年的人，對於這種學說最是惱怒，指爲虛無主義；其實，如果讀書仔細，卽可發現它並非虛無，而是更加洞澈的了悟，而凡事比較不介意，遊戲才當眞。這種意識型態以「現代」爲基礎，由於根有所託，就不是虛無，反而是積極個人主義的深化發展。而缺乏「現代」的「後現代」，遂成了漂浮，這才是眞虛無，而不多不少，這卻正是臺灣的寫照！

因此，臺灣的眞正問題可能仍是「現代」程度的低度發展，而所謂「現代」就是公私領域分明，各行各業的規範清晰，人民的公民意識一定程度的發展，各種自主領域逐漸穩定，國家與人民的權利義務淸楚等。當這些綱擧目張，自由與民主的空間遂告出現。然而，我們這些仍然欠缺，知識上仍是代銷西方的燙手貨，庸俗化先行於現代化；理論上應當促使公益活動的各種文教基金會，或者搞政治，或者炒股票，或者買賣骨董逃漏稅；臺灣搞大衆電影的，竟然在明年春節檔推不出影片，全部讓位給商業電影已相當高功力的港片。而另外則是殘餘的神鬼之說在鬼月更加猖熾，宋江陣對打鎭暴警察的結果，換來的竟然是五輕開工也要請來福德正神庇護。魔異、詭譎、時空脫落、混亂、逗趣，不知所來及所止。臺灣看起來妝紅豔麗，滾動著力量，但所有的這些卻都是「慌懼」(Panic)、「混亂」(Chaos)的消耗及幻面，意義在此停止。泡沫的股市，雜沓的街景，迷惑的交通，不知所云的官僚體系運作，它和虛擬的後現代景象，所組成的其實乃是同一立體的各種折射側面，而這個立體只是一團糊，沒有形狀！

秋風漸緊，愁雲漫漫，臺灣就如同臺北的街車，叫囂、滾動、蛇行向烏何有之鄉。這些都寫在虛擬的臺灣「後現代文化現象」之中。「後現代」的虛擬風格，正確顯示的正是我們「前現代」的素質，以及我們不知曷所歸的文化命運吧！

一九九〇、九、二十九

主體性即再創造

自從一九六六年設置加工出口區之後，臺灣即被「現代」這個攪拌器捲入。對臺灣而言，所謂的「現代」其實只是「美國」、牛仔褲、口香糖、美國電影及流行樂，加上中下層美國都市居民的簡單樓宇，都成了人們追求的目標。

而現在，臺灣的物質生活漸趨富裕，「現代」的定義裏已多了一項「品味」，於是美國文化背後的歐洲遂告出現。新推出的公寓不再是陽春型的鋼筋混凝土，而是曲線綽約、色調雅致的歐式建築。歐洲旅遊業者十月訪臺，已使得古堡之旅成了臺灣雅痞階層的新最愛。而根據「歐洲時裝出口協會」最近完成的統計，一九八九年臺灣進口歐洲成衣的成長率竟達一點零六倍，爲亞洲各國之冠。更不必說歐洲舞團、樂團、影片在臺灣的走紅。

然而，在「現代」已由「美化」而「歐化」的時刻，怵目驚心的畫面卻愈來愈多，古舊灰暗的廟宇和漬斑苔痕密佈的老公寓森林裏突兀的歐式庭院；進口名車的車窗邊猶存的檳榔汁；臺北公路局西站盥洗室那些電眼自動排水器旁邊一灘灘尿液與煙蒂痰渣。這些都是「現代」——無論「美化」或「歐化」的嘲諷。

而在「現代」背面的「鄉土」，近年來已成了臺灣的熱門，並且還成了一種具有霸權性格的「價值」。人類對已經超越過了的事物，普遍都會基於一種鄉愁的懷念而賦予它「美」的「價值」，因此，古代人在已經擺脫自然的驚佈之後，卽肯定自然爲「美」。人們在遠離農業時代的艱困後，斗笠、水牛、捉泥鰍等都被抽離出來而成了美好的童年往事；然而，臺灣的鄉愁又被政治化，於是「鄉土」遂成了一個絕對化的範疇。肯定「鄉土」從尊重平民、愛鄉愛土的角度而言是進步的，然而從一種更高度的「現代」角度來看——諸如現代公民應有更高的公民道德與素質等等，當「鄉土」許多負面的殘餘物也一併歌頌，這就成了一種新的「鄉土抓狂」。在這種「鄉土抓狂」的情結下，另外許多怵目驚心之事也同樣出現。

例如「惟鄉土論」者，將「鄉土」的古老建築——如三峽老屋、三峽老街、澎湖進士第、迪化街、臺北老師府等一律主張保留，而吊詭的則是老建築的現住人及地主卻又一律要求拆除更新，如果古蹟的保留也有民主的意義在其中，保留與拆除之間的轇轕，不正是「鄉土崇拜症」可能有的「反民主」的一面？「凡古卽好」的價值被無限膨脹，不僅是臺灣文化的困局，更是臺灣政治的困局。

「鄉土」不只是因爲距離而產生的建築美感，它的絕對化，則是農業時代整套價值與行爲的復歸，「鄉土抓狂」的結果是公私兩個領域更加混淆，文明的素質也更難提升。寓意了農業時代的「鄉土」，可以被美化成被摧毀了的牧歌式社會，但更實體的它卻可能是貧窮、前現代的行爲方式，以及尚未萌芽的公共倫理。在美化它的同時卻沒有人願意重回那個時代，這正如同政客們絕對禁絕其子弟嚼食檳榔，但選舉時爲示「鄉土」而自己卻大嚼特嚼，事後卻忙著刷牙一樣的荒謬。

「現代」與「鄉土」從來就是一組對立及對話的範疇，而這不僅是臺灣的困惑，也是所有後進國的共同困境。在經過一段「現代的誘惑」之後而開始以「鄉土」爲內省的範疇，「鄉土」卽被賦予了神聖性。然而再細思之後，卻會發現「鄉土」作爲一個反抗範疇的虛妄：因爲它的內核竟然無比的稀薄。形式主義或抓狂的「鄉土」思考，換來的也就會是更加的挫折。

而這種困境在西方卻不會發生，它是個文化連續體，古今相傳，沒有突兀的空間扭曲，沒有造型、繪畫等的突變，傳統也流進了現在。而它之所以會在後進地區出現，乃是後進國在面對外來的衝擊時，必然出現「主體性失落」和「主體性重尋」的過程，而無論失落或重尋，卻都少了一個「再創造」的思考向度。因此，如果我們不能將舊的建築範式轉化成新的、可被接受的居宅；如果不能將地方戲曲歌謠轉化成新的大眾藝術的一部分，那麼，可以肯定的是，在「鄉土抓狂」的同時，「鄉土」卻一點一點自時間之篩中漏失，一切的文化都必須是生活，而且是愈來愈被提昇的生活的一部分。在「現代化」程度仍然不足的臺灣，若我們不想把「鄉土」論爲少數人自我救贖的符號，或許需要從「現代化」的角度重新省視「鄉土」，並且翻造「鄉土」。

近年來，臺灣流行「論述」這個名詞的遊戲，「鄉土」也就因此而被「論述」成一種新的「抓狂」，然而一切「論述」固然都可以而且值得存在，但它背後更重要的毋寧是具體的「再創造」。語言如風，迅即飄散，語言要獲得留存，是它背面應當有一些新的東西！

最近，許多古屋老宅都有拆與不拆的糾紛，而研究中國傳統建築的演講也一場接一場；「慾望城國」這種國劇結合莎劇，加以打碎重揑的嚐試又再受到討論，另外則是第一個臺灣土生戲曲的「臺灣歌仔學會」也告成立，北管「亂彈嬌」也將推出創團之作。經過「鄉土抓狂」的熱鬧滾滾，我們已有了「第一度思考」，現在顯然已到了「第二度思考」的時候——那就是，從「鄉土」之中，我們能經由如何的創造，將其中的一些東西轉化成新的面貌而沈澱下來，至於那無法沈澱的、早已隨著人本身改變而結合不起來的，那就讓它被遺忘吧！

一九九〇、十、三十一

「文化會議」

——自我顛覆的鬧劇

「鬧劇」(Farce)典出羅馬帝國時代，它的原意是一種雜拌食物，將各種肉糜、豆類、蔬菜、塡料混合，塞在家禽以及魚類的肚腔內蒸烤。以這種型態的食物爲名，出現了一種插科打諢的通俗小型音樂笑鬧短劇。「鬧劇」不同於「悲劇」和「喜劇」，後兩者無論爲悲爲喜，也不論諷諭或譏嘲，都仍然有一些執著，因此多少都具有一定程度的昇華及啟蒙功效，而「鬧劇」則否。

「鬧劇」不是啟蒙，甚至也不是嘲諷的「否定的啟蒙」，而是無所執著，惡意與善意羼雜，失去了座標，而且也不追求座標的笑謔。鬧劇是語言的機巧和逗趣，一種混沌狀態自我矛盾的營造，它缺乏營養。「鬧劇」沒有意義，甚或失去了意義。它是一種心靈的虛空，失去座標的無聊和扯淡。對於許多逗趣，但卻沒有意義，而又鬧熱滾滾的現象，都可歸爲「鬧劇」。

因此，大張旗鼓，一本正經，正經得二五八萬的「全國文化會議」，即可歸在「鬧劇」的範疇。「全國文化會議」的鬧劇本質是：它虛矯得過分的表演，而它表演的整個社會佈景即在嘲笑著它的演出。「全國文化會議」虛假地編造出來的意義，被整個社會佈景的眞實意義所顚覆。這也就是說，「全國文化會議」所說的，其實乃是他們明知的不可能。這不正是「鬧劇」一場！

近年來，臺灣「文化」日益凋殘惡化。政治文化墮落成無休無止的語言及動作遊戲，名言充斥，動作不斷，所隱藏的都是權力爭逐的慾望，但卻就是少了政治的實體。而人們的生活文化在有樣學樣的誘導下，自然也同步的墮落，人心趨向澆薄貪得，時代的氣氛爲臺灣掙得了諸如「貪婪之島」等好名聲。而在狹義的所謂「文化」上，其實也未見進展，反而是更加的金錢化與低俗化。文化的創造力和其他創造力相同，都被這個惡化的環境所蠶食鯨吞。在這樣的時代場景下，「全國文化會議」開鑼了。

然而，這樣的會議容或有其必要，但這次的會議卻明顯的是個多餘的表演。從李總統致詞的「中華文化」及「仁者無敵」壓死人的大帽子，到孫運璿資政的主張推動全國性的重整社會風氣運動，以至於陳奇祿等仍是「勤儉孝道等傳統美德」等談話，這次會議正像「文復會」那些早已不食人間煙火的黨國大老常務委員一樣，預兆了它是一個時空脫落的鄉愁式會議——一種將文化視爲教化的鄉愁。

「全國文化會議」是一種鄉愁，這還可以由它的出席者殆半皆爲機關代表看出，更不必說那些令人臨表涕泣的討論題綱了。「全國文化會議」整個精神所緬懷的是以往那種黨國以其大權威及權力來從事教化、來整體「包辦文化」的舊時代。

以國家爲中心來從事教化、包辦文化，在以往的蒙昧時代，社會分化程度較低，各種專業領域也未出現，或者有其可能。然而，就在這個會議召開的時際，另外的許多事件卻否證了這種可能。

臺灣官方文化工業體系中位階最高、最具樣板性質的國家兩廳院，它的舞臺電腦燈光耗資七十餘億，但自兩廳院營運至今三年，卻弊端重重，迄未驗收。不久前它剛剛「當機」給「波昂舞團」看，現在又「當機」給「葛蘭姆舞團」看。再以三家電視臺爲例，其素質之差由亞運轉播即可看出來。最近景氣欠佳，三臺訓令「開源節流」，任意調動影片的播放時段。在新節目的開創上，只有 Kitsch（媚俗）的走甚麼「黨魁」、「郝園長」等笑鬧路線。近年來，臺灣電影衰頹，早已不敵有「中國人好萊塢」之稱的香港，於是「振興我國電影事業輔導方案」遂告出現，得大獎者可鼓勵三千萬，並以千萬元一部的鼓勵來支持二十部電影。以金錢來鼓勵可算強心針，然而強心針之後的體質改變呢？

由兩廳院的「當機」到三臺的低俗，我們其實很可以清楚的看出，這都是國家包辦文化的必然結果。而它包辦的終極結果，乃是它再也沒有包辦的能力！

國家乃是一種折衷均衡的力量，而不能是王權時代那種終極無上的權力，但我們以前無論觀念與作法均屬後者。於是政治力遂浸淫到了所有的公私領域之中，政治的邏輯遂必然的侵犯到一切其他的邏輯。

劇院的舞臺管理乃是一種專業，全球都已有一致的專業準則，但這套全球一致的準則到了臺灣卻告變調，從燈光採購的政治角逐到妥協，於是遂一包二包的利潤均霑下去，七十億的燈光已是天方夜譚，何況還是老會「當機」的燈光。三臺的胡混過日，使擁有兩千萬電視人口的臺灣，電視素質卻完全不如只有六百萬的香港，這不也正是同一道理的必然結果？歸根究柢而言，這乃是國家包辦文化、政治力侵害到各種「專業紀律」的後果——而「專業紀律」卻正是一切文化的起源，它是一種務實的態度，一種自我實現的承諾；一種創造與提昇；而臺灣的文化工業所缺少的正是這種「專業紀律」，於是剩下的就只有「混」。義大利思想家葛蘭西曾經論說過，每一個時代的俗諺都很值得去探究、去解讀，俗諺中藏著眞正的聲音。臺灣當前的口頭禪是「隨便混混」，而卑微的「混」著，不正是失去「專業紀律」的臺灣之最佳注腳？

英儒彌爾（J.S. Mill）曾經論說過，中國這樣的國家，它會有燦爛的、以宮廷及官僚體系為中心的璀璨文明，但卻沒有尊嚴的個人。依著這句話推下去，我們其實並不值得去歌頌那種埋著民族血淚的虛飾文明，而應去提昇那種我們每個人日常生活都被浸泡在其中的文化。這樣的文化必須重新去創造，而文化會議完全不能被寄望。當我們看到像日本這種國家，他們的俗文化及俗文學等都比我們的「高文化」精緻時，我們還能不自我警惕嗎？

無論廣義的「生活文化」，或者狹義的「文化」，臺灣都需要漫長而艱困的重建。它不是教化，而是整體「專業紀律」的建立，政治應被驅離。當官的就要規規矩矩的為民服務；搞電視的就把電視弄得像個模樣；辦報紙的、研究學問的、從事文化活動的亦莫不如是。政府所能做的，不再是一切包辦，而只是管好它職分內的一段（它大可看看別國文化部是怎麼做的），廣大的空間則應透過自由民主的準則，營造一個好的環境，讓社會財富往生活文化的自律與提昇上發展。官方自吹自擂的「文化大國」和「全國文化會議」不過鬧劇一場！

一九九〇、十一、二十

繆司和官僚的尷尬配對

藝術的本質是自由，官僚的本質爲管理、秩序和控制，妍媸有異，成爲怨偶的可能大過成爲佳偶——而我們臺灣卻正從事著這種不可能的配對。

以公共財政支持藝術家，近代美國有過兩次空前的大手筆；一是三〇年代「新政」時期，另一則是七〇年代後期開拓「新邊界」的政策。

三〇年代全球大蕭條，美國失業嚴重，小羅斯福總統的「新政」出現。「新政」乃是以公共投資及公共支出來增加需求、解決失業問題的策略。「新政」之下負責創造就業機會的主力機構爲「工作增進署」（WPA），下轄「白領階級計畫局」（WCP），即以大量公共財政支持藝術家、作家，以及工讀大學生及研究生，使他們免於凍餓之苦，也爲戰後美國的復興保留了元氣，因而被譽爲「德政」。

不過，縱如「新政」這樣的「德政」，也仍是功過參半，社會意義大過文化意義。作家藝術家受到補助而免於浪蕩落魄，這是社會救濟；但若盱衡整個三〇年代的美國文化成就，這些受資助者的貢獻卻並不顯著。明尼蘇達大學藝術史教授馬林（Karal Ann Marling）最近在《大蕭條時期郵局壁畫的文化史》這本巨著中，即分析了接受補助、以工代賑的畫家們替各地郵局所繪的壁畫，本質上多屬政府的宣傳及官方意識型態，否則即會被塗燬。這種類型的研究尚多，文學、戲劇、音樂的綜合研究結論是：拿誰的錢，就唱誰的調，作家藝術家因而成了「文化工人」。

這種結果，其實並不足怪異。縱使開明如羅斯福者，一九三三年有次在討論資助藝術家的會議上，也公開表示：「我可不能忍受那些狂熱的年輕畫家，在司法部的壁畫給我畫上列寧的頭像。」這句話的意向乃是「老闆意向」，出錢者卽會根據自己的標準，以明顯或不明顯的社會控制形式來甄別題材與表現的手法。另一位美國學者奧康諾（Francis O'Connor）更從社會控制的角度，對「新政」時期領取補助的視覺、戲劇、音樂，以及寫作做了深刻的研究，得到的結論是：作家、藝術家們普遍地均受到約制！

至於七〇年代的藝術家補助，其功能就更可堪懷疑了。一九七三年，美國通過「綜合就業暨職訓法案」（CETA），下有一個「駐地藝術家補助計畫」（AIR），由聯邦政府出錢資助各地藝術家。至七九年時，接受的地方有二百個城鎮、六百個計畫，投資逾二億美元。有一位當時接受資助，而後到紐約州立大學執教的杜賓（Steven C. Dubin），即寫了一部專著《繆司的官僚化》，對此項計畫作整體評估，同時也對公共財政支持藝術家的本質作了反省與否定。

杜賓教授指出，藝術與公共財政之間，由於本質邏輯相異，從一開始就注定將成爲錯誤的配對，並會使得藝術家的創作尊嚴因此而被絞碎。其原因在於：

㈠七〇年代的美國，藝術的自由市場寬廣，有水準的藝術家自然不願意接受政府資助，使得「接受補助」和「差勁的藝術家」成了同義辭。

㈡公共財政出自人民的稅負，領取補助之後，藝術家遂勢不可免的被捲入民意政治之中而失去了藝術家的自主性。一般公民對這些藝術家的活動開始品頭論足，地方官僚與民意代表也在這樣的壓力下擴大干預，表現手法太新太舊都會遭致反對，藝術家於是動輒得咎。

㈢藝術家由於領取資助，而被迫捲入官僚體系的運作與監督之中，被迫和自動的設限遂告例行化。結果是藝術家成了「藝術匠」，藝術死亡！

美國乃是民主國家，然而公共財政與藝術的配對已如此不堪聞問，它所揭露的，乃是文化藝術與官僚體制的不能相容，也正因此，臺灣最近最熱門的「六年國建計畫」有關文化的次級計畫，以及文建會二百二十六億「文化建設方案」，也就不得不令人捏汗。這些計畫究竟是文化藝術空間的增大或縮水？或者，它眞正的目的不過是文化支配的新形式？

文化藝術具有自身的成長邏輯，它立足生活之中，並在成長中改造人與社會，但因文化資源不易集中，因而需要國家機器的介入，但「介入」絕非「包辦」。由世界通例來看，最佳之介入，乃是透過租稅手段而進行文化資源的調配挪移，將原本會進入公庫而作爲文化支出的經費逕由民間運用，俾免造成「文化的政治化」。這些租稅手段可以從事各種細目設計：所得稅、營業稅，尤其是遺產稅之折抵，以鼓勵人們樂於捐資與辦文化機構及參與文化活動；獎勵中小量之文化捐獻合併使用；強化稅捐稽徵，使有錢人無所逃漏，他們才可能基於「以利益換取好名聲」的考慮而勇於捐輸，營建費用中規定若干成數用於藝術支出，則可活絡藝術之消費……任何型態的社會確可藉租稅手段而營造產生，臺灣餐飲宵夜空前發達，得力於租稅交際費用的大量抵減，難道我們就不能建構出一組有利於文化成長的租稅設計，而必欲官方一手「包辦」？

以羅斯福之開明，以美國之民主，官辦文化藝術均會變質、淪落爲社會控制的手段，臺灣的官方包辦，其實完全不能樂觀。而「文建方案」之中又大量充斥著各種「文化建築物主義」的遺毒，以爲蓋幾棟文化樓宇就有了文化。其他像培植有潛力的藝術家、安養資深藝術家，也大都十分可疑——誰知道取捨之間不是一大堆政治關係與意識型態的差別待遇?!

從這樣的角度來分析，所謂「文化建設」云云，或許根本與「文化」無關，而只不過是以「文化」爲手段，實質卻是意識型態與秩序的重新編訂，而其終極目標則是「支配形式的細膩化」和「支配形式的再結構」而已。

一九九〇、十二、三十一

騎樓

——「慾望城國」的符號

建築和都市空間都是文化落實到象徵層次的表現，閱讀建築和都市的空間表現，在這個意義上，也就等於閱讀了我們的文化，甚至於我們的集體精神；而這一切，可以從騎樓說起。

都市建築的騎樓，乃是南國，甚至西方資本主義社會早期常有的格局。私產的建築有了騎樓這種開放的公共空間，行人可以避風雨，可供鄰居社區早晚聊天閒談。騎樓的開放性是一種溝通與關懷的展現。西方資本主義早期的騎樓尚常被用來集會議事，而具有團結社羣的涵義。

然而，整個人類文明的發展，卻是這種公共空間的退縮。在西方，住宅愈趨私密化，騎樓日少，甚至已無存。而在東方的臺灣，則是騎樓這種公共空間被毫無愧疚地利用，對騎樓所作的無情剝削甚至還擴延到騎樓之外——包括街道、天橋及地下道、市招，它所具現的其實正是都市的投機性格以及無政府作風。

在臺北，騎樓被販賣機、機踏車，固定或流動的攤販所佔領，這都是人們習以爲常的慣例，除了這些之外，更新興的乃是騎樓被更正式的私用改建，而成爲店面的一部分。臺灣的街市正從事著一場激烈的「騎樓攻奪戰」，無人願意放著騎樓這塊黃金而無動於衷。騎樓正在快速消失，戰場甚至擴延到，騎樓外的走道。一九九一年一月，臺北市雖已開始取締，然而大張旗鼓之下，究竟能有多少實績卻令人難以樂觀預期。

騎樓這種公共空間被佔用，它其實乃是中國文化及生活方式裏「公」、「私」從來即不作明細劃分的傳統的一部分，而「公」、「私」的逐漸劃分乃是現代化「合理化」的重要部分，而這部分卻又被我們顢頇無能的官僚體系所疏忽。於是，從騎樓到人行道、地下道及天橋，甚至市招，所有的公共空間其實都被各式各樣的私人慾望所佔領。從都市合理性的觀點看，這是混亂，投機與無政府；由空間美學觀點看，則是視覺暴力的充斥，臺灣的醜陋，從空間開始。

君不見，甚至到了即將進入二十一世紀的此刻，臺灣仍然殘留著大約三千年前周朝的喪葬形式，喪家在自宅舉喪停槨，以至發引。自宅不足用即佔騎樓，騎樓不足用即佔巷弄大道，以街道爲倚廬，日夜鼓吹。交通、公衛、視覺及聽覺的公共生活被剝削一盡，愈有地方財勢之大戶愈是如此。

君不見，臺北騎樓有人飼養老虎、紅毛猩猩、狼犬，以及野猿等，變成「騎樓的動物園化」，動物的咆哮與吱吱，已不是公共空間的佔用或視聽覺的暴力問題，而是更直接的身體安全問題。

君不見，由於對公共空間缺乏尊重，從臺灣頭走到臺灣尾，就沒有任何一個城市的任何街道有著齊整的市招，參差嵯峨，櫛比鱗次的市招，和語不驚人死不休的「政治秀」一樣，也是在從事一場攻城掠地的戰爭，你橫我右，你大我更大。相互對空間進行掠奪的結果是，從恍若叢林的市招上，映現的乃是慾望城國的景象，每一個充滿侵略意志的市招，突顯的是一個個的慾望。

市招透露了慾望城國的景象，而無能力的官僚體系更加助長了這種慾望，以及這種慾望具象化之後的視覺暴力。

君不見，在有「陸橋城市」之稱的臺北，沒有一座陸橋不是一種突兀的存在，怪異的紫與浮白的綠，配對了滿屋頂的黃圓水塔，以及高高低低的電視天線背景，臺北的顏色有如打翻了的調色盤。

相對於這種打翻了的調色盤，最近頗受專業建築美學人士討論的新現象：例如臺灣流行歐式建物浮雕，因而顯得光怪陸離，透露出一種虛擬的高品味氣質；臺灣已有多棟怪異的後現代建築，廟宇式的格局以超高大樓顯示，宛若君臨式的森嚴神權城堡……等等，我們反而不忍多所指責，它們容或也是視覺的障礙和阻撓，但至少有著較大的合理性。

這就是臺灣的都市空間，所有的公共空間都無比混亂且被任意的掠奪，因而它成了一個滿街奔竄著慾望的城國，而這一切卻都從小小的騎樓開始，而它的終極結果則是視覺及聽覺的暴力充斥。

或因這種視覺暴力已逐漸接近被忍受的上限，一九九一年一月份以來，我們已陸續讀到一些新的訊息：

——例如，由高雄市建築，建築投資，藝術設計界所支持的「點粧港都美化工地示範觀摩」即將於二月一日開始。

——例如，臺北市已開始取締整頓騎樓的佔用。

——臺北西門、萬華地區的整體更新及再發展方案已將定案。

——宜蘭縣已開始委託成功大學研究，將對建築物的造型以及市招進行規劃性的管制。

所有的這些訊息，顯示了人們對於一個有機型態的人文都市的覺悟已告開始，要求更好的空間秩序與都市美感。問題是，都市空間秩序及美感不可能憑空而生，它必須以都市的合理性爲前提，包括公共需求的趨向滿足，公共空間的由公共倫理來規範，而臺灣在公共空間上一如其他一切公共問題，所缺少的也就是這種公共倫理。因此，在討論都市人文景觀時，不能忘了都市公共倫理的重建！畢竟，在一個奔竄著慾望的城國，怎麼有美存在的空間！

一九九一、一、三十一

區域文化失衡愈演愈烈

臺北元宵燈會（一九九一年），集民俗科技於一體，二百萬參觀者的空前盛況，儼然有了《東京夢華錄》裏「紫禁煙光一萬重，五門金碧射晴空」的流風餘韻。然而無論宋朝開封之燈會或今日臺北的盛景，它們都只是首善之都的餘興與粧點。燈會的側影裏，映照出的卻是另一個區域文化均衡的更大問題。

因爲，就在下港人的對臺北燈會暗自欣羨之際，同一時刻裏，許多有關區域文化失衡的題目正一個個的翻現：

例如，省教育廳爲了解高中高職及五專聯考的公平性，特針對國文科命題類型，分析比較城鄉學生間的差異，發現到城市學生因各項環境因素及文化上的優勢，國文科各項能力均顯著優於鄉村地區學生。亦卽城鄉差異正悄悄的左右著聯招的公平性。

在聯招上有城鄉差異，三月十八日立法委員質詢文建會業務，更幾乎相當一致的指責文建會贊助之活動偏重北部城市，他們普遍要求文化活動應求縣市、藝文種類、以及人口之間的平衡。對於立委的質詢，前文建會主委郭爲藩答稱，北部藝文活動蓬勃，乃佔了地利之便。立委及文建會的質詢與答覆之間，其實已眞正觸及文化的區域失衡之本質。

區域乃是人類生存之空間要素，它的榮枯受到諸如經濟活動中的擴大再生產、生產所依賴的社會文化關係、市場型態的改變、國家角色的介入，以及人類本身的創造及抗爭活動而共同決定。這些成分在地理上決定了「生長點」，於是依據成長之邏輯，一個有榮有枯之區域不均衡發展卽告出現，而文化所扮演的卽是促成、延續，以及擴大此種不均衡之角色。

因此，城鄉學生的環境及文化差異，使得聯招命題過程中出題者隱藏著的都市取向變成了一道「無意識的城鄉差別待遇柵欄」，鄉村學生卽難以通過。不僅高中聯招如此，大學聯招尤其如此，目前臺灣的國立大學幾乎全爲中產以上家庭，出自主要都市中少數省中的學生所包辦。教育之目的在增進平等，但它在區域失衡的結構下，卻顚倒過來成了助長區域失衡，甚至使區域失衡成了被跨代遺傳的事務。這種情況在狹義的藝文活動上尤然，藝文團體機構均在北部，北部遂成了公私藝文贊助的主要地區。一個有文化者更有文化，如同富者愈富的現象遂告出現。「文化」具有「符號性資本」(Symbolic Capital)的特色，它與金錢資本有著類似的邏輯，在臺灣，我們已看到了這種邏輯運作的結果。

當前的臺灣，區域失衡情況漸趨嚴重。從一九七一至七六年間開始，即大約有一百二十多個鄉鎮面臨人口快速流失的情況，而相對應的則是臺北外圍工業城及高雄市卻以新興「競爭型資本主義城市」的姿態對外大量抽吸人力與資金。南北兩端兩個「生長點」，且以北部爲重的格局，我們尚可由省市（臺北）的歲出作爲旁證：一九七〇年代龐大的臺灣省幅員，其歲出尚達北市的三點六倍以上，八〇年代之後則劇減爲二點五倍左右。

這是種獨特且異質性的空間再結構過程，廣大的臺灣鄉村地區偏枯，少數小城則以「小商品經濟型態城市」或「週邊工業輔助城市」的角色而存在。「大臺北」則由「競爭型資本主義城市」及「壟斷資本主義城市」混編，它有繁華的中心商業區，隱密且區隔化的菁英住宅區，廣大且巷弄錯亂的工人及低下中產階級住宅區。由於土地資本的日趨壟斷，臺灣國家機器介入，以公共投資而創造之土地財富遂都會聚向了私人的腰包，而使得臺北市的住宅及辦公樓宇價位直逼東京。從空間與資本的角度而言，臺灣這個島嶼像極了一個倒放的漏斗，以臺北市爲漏斗口，它會聚著全臺灣的金錢以至於文化的資本。

放置在這個區域失衡的架構下，聯招及國立大學和鄉村學校愈來愈無緣。不僅如此，企業家的文化活動也無一不在臺北：七家企業出資一千二百萬認養的「松江詩園」，其他企業資助的劇團劇場或者畫廊，也都無一不在臺北這個中心。儘管十九世紀的歐洲，在壟斷資本主義以巨大的勞力徵召及市場均質化力量進行整合的時刻，諸如西班牙及英法德等國，均出現區域主義及反中心化的運動，用以維護區域文化爲要旨且都有所成就，但在臺灣卻顯然不能如此樂觀。鄉村地區容或有間歇性之文化活動，但它的持續發展及再創造，則不能作太高的估算。

也正因此，對於目前仍在行政院審查的「文化事業獎助條例草案」中有關的規定，遂格外的應當予以抨擊，因爲在這項草案中規定，民間企業捐款給「國家文化基金會」將可全額免稅；但若捐予民間文化基金會，則僅能享二〇%的節稅優惠。獨厚於自己而薄於民間文化基金會，官方理由是目前企業家有許多自行運作之基金會，若亦全額免稅，則企業豈非個個自設基金會，然後捐款給自己的基金會，形同逃稅？

官方之說辭其實僅答對一半。因爲自捐自用的惡習乃臺灣獨有之現象，關鍵在於臺灣始終缺乏新型態捐資與辦文化教育之監督辦法，如有足夠公正之監督辦法——如基金會由專業人士運作，文教名流監督共管，自捐自用卽會匿跡。福特家族捐獻之「福特基金會」，絕非其家族成員運作，凡德畢爾德捐建之「凡德畢爾德大學」，其家族亦從未擔任過校長！

區域失衡問題的解決所涉極多，連帶造成之文化失衡，或可藉企業捐款而略事彌補，但在不信任「民間」的臺灣，這最小的願望或許也將成癡想吧！

一九九一、三、二十

花・口腔・罪

儘管花不代表什麼，它既不解語，也未必怡情，但它卻是人和自然的一種中介、一種高度精緻形式文化的表徵。諾貝爾獎小說家威廉高汀特別喜歡原始人尼安德塔人將已死的親屬埋葬在花堆之中；而「符號王國」的日本，則是全球花卉第一大消費國，繁瑣細緻的「花道」變成愉悅的優雅，而這正是法國符號學家羅蘭・巴特最愛之處——「優雅取代了宗教」。花成爲鑑定文明細膩程度的一種指標。

而臺灣卻是少有之異數，一九九〇年全球切花消費，平均每人合臺幣五四六元，但臺灣卻每人只一三五元。除了春節和母親節買束花應景之外，臺灣的人與花並不常相見。臺灣雖然鮮花外銷，人們其實並不眞的去區分鮮花和塑膠花。總歸要凋謝的花卉，在臺灣人的價值標準下，抵不上一個漢堡。臺灣，甚至中國，是一種「口腔期」的文化型態，崇尚「入肚爲安」。中國的餐飲文化博大精深，兼容並蓄，不遜任何別國，但其他卻瞠目他人項背之後。

「口腔期」的文化型態，是匱乏時代的集體潛意識，這個民族與天搏鬥五千年，饑饉災難相連，口腹尚且不能饜足，何必優雅與其他。「口腔期」的文化型態和為了生活而無不掠奪有親子關係，「口腔期」文化型態孕育出了貪婪、粗暴、械鬥、剝削……等諸般惡德。這種文化型態下，「私」字自然當道，只有自己的口腔與肚腹才是最後的實在。「口腔期」文化是一種「前現代」的文明型態，它的本質並不因為吃的對象由「茹毛飲血」變成「滿漢全席」而有所改變。由於這一切以「私」為中心，至今未變，因此，儘管臺灣在生產力上已有了改變，但它最後面的那個文化社會關係並沒有基本的不同，我們的歷史仍處於一種「未曾進化的狀態」。西方神學之父聖奧古斯丁曾說過：「我認為，對任何均不敬畏者，莫不淪為身體快樂與虛幻權力的奴隸，並常處於另外有權力者奪去其快樂的恐懼中。」

而這正是解體中的臺灣之整體文化風貌。近來，最使人怵目驚心者，倒不是什麼「老賊問題」及「四一七」，毋寧是更奇特的犯罪案件，兒子打殺老父老母者有之，子侄輩打殺長輩而掠其存款者有之，男友打殺女友，情變以致支解者有之。江湖仇殺可以理解，而違逆基本人倫秩序者卻使人惶惑。臺灣的解體日益深刻化，開始由政治、經濟、社會逐漸走向人倫。這是漸趨野蠻的動物性之回歸。或謂凡夫俗子道德感薄弱，而文化名人又如何？「地球日」的活動，各方名流政客將它弄得一團烏煙瘴氣，西方生態運動乃是以高度人文及自然哲學爲基礎的運動，品質爲近代社會運動之冠，而到了臺灣，卻被各種政治、經濟以及文化的貪婪所塡注，運動走樣、窩裏先反。

再以理應高度自律自重的社團爲例，正在上映中的「火燒島」影片究竟誰屬，也在此刻鬧成一團。社團乃是人們公共生活之始，也是民主文化的眞正土壤，合作、容忍、分享、開創等一切有助於文明提升之品質乃是它的應然要素，而在臺灣，它仍然是被「口腔期」文化的貪婪要素所塡注，而淪爲各種原始型態的權力鬪場。

如果我們愈能了解人間實情，或許就會發現人人一張口，所有的聲音都必然正當，而人類文明不可能重返動物性的獨我主義時代，遂必須在品質上日益自我提升——到了一個人人均能隨心所欲而不逾矩的時刻，或許也就是眞正理想國狀態的到來。而臺灣所處的也就是文明由「口腔期」第一次躍昇的前夕。

也正因此，《產經新聞》最近兩次對臺灣整體文化風貌的報導，或許失諸主觀偏見，但要言之，它對「口腔期」臺灣文化的描述卻也不太離譜。「私」字當頭，爲一己之利可以舌燦蓮花和用盡一切手段。在解體聲中，甚至語言都解體成了暴力。稍早前，黃石城說，臺灣的問題乃是根部爛掉的問題，和動物園沒有兩樣。如果我們能注意一個歷史的規律，或許已可發現，臺灣的這一切風貌，除非能在文明品質上作一次躍昇，否則都必然出現一次巨大的歷史報復。

稍早前，已故法國思想家傅柯在遺稿中特別提及一個重要的事實與概念，他指出，西方的「罪」的概念或許今日會被視爲迂腐脫節，但就歷史發展的觀點而言，卻是人類開始模塑自身的第一次嘗試，我們可以這麼說，「罪」使得人開始回返自身，經由這樣的回返，人開始第一步走往與動物狀態相反的方向。雖然近代如波里克等認爲「罪」的概念限制了人的自由和造成壓制，但這是在「罪」的積極性已發生了作用之後。

而漢人卻是從不作這種反思的民族，「吾日三省吾身」，反省的只是行爲的差錯，不及於更基本的人的本質不完美性。因而中國人總是表裏不一，嘴上仁義道德，暗中男盜女娼。有怎樣品質的人民，就有怎樣品質的社會與政治；有怎樣品質的社會與政治，又會有怎樣品質的個人，沒有誰是無邪的白紙，大家都在染缸中成爲汚濁，甚至還是共犯。

而「罪」的覺知，以及對文明躍昇的期盼，不能靠一二人之力，它需要一整代不媚俗，和對未來有知見者的徹悟與鼓吹，以創造新人。而讓人焦灼的卻是，這樣的一整代究在何處？或許，臺灣的人對花卉不覺得重要是可以理解的。「將優雅變成宗教」，對仍被「口腔期」文化邏輯籠罩的我們，畢竟仍太過遙遠了吧！

一九九一、四、三十

殘忍的狂歡與冷酷

一八四九年十一月十三日，《雙城記》作者狄更斯經過倫敦一條街道，蜂擁的人羣正在圍觀一名女子被處絞刑，鼓噪及髒話橫飛。他回去後立刻投書《泰晤士報》說：「難以表達的邪惡，在他們殘忍的狂歡及冷酷之中，使得我爲人類的一員感到羞愧。」

然而，過了一百多年的現在，美國舊金山的KOED公共電視臺卻正在爲電視錄影轉播死刑現場的「言論自由」而大打憲法官司。這家電視臺認爲所有的媒體都有權作這種現場採訪。在一切都愈來愈「娛樂化」的時代，煤氣間和電視相加，將提供人們另一種死亡見證的娛樂；而連動物都擁有的安安靜靜、隱蔽著走向死亡的權利，死刑犯卻在電視鏡頭的剝削下而告失去。死亡是人類最後的尊嚴，鏡頭卻不給人這樣的尊嚴。

不但鏡頭對人展開侵略，文字媒體亦然。甘迺迪家族之一的史密斯涉嫌強暴，按法律和規矩，媒體對受害女子均應保護，但佛羅里達的《環球報》爲了誇其權威和促銷報份，卻刊登了女方的姓名及照片，《紐約時報》和NBC又再急起直追。而在英國，女性國會議員艾文娜（Edwina Currie）控告《觀察家報》的案件也正在開庭之中，這家報紙對艾文娜的家庭生活作了邪惡的類比。

至於亞洲，鏡頭的冷酷卻在漢城發生。《南華早報》的記者契斯曼(Bruce Cheesman)說出了他的親身經驗：他在延世大學附近看到記者和學生等在圍觀一名女學生的自焚。沒有人想要去援救，記者們只是拼命的搶鏡頭，他和另一韓國人想要去救這名女生，卻被人拖開。鏡頭冷酷而無情，使人想起了一九八〇年代初期所發生的北愛爾蘭新聞僞造事件：當時北愛爾蘭衝突嚴重，好多記者爲了要有「現場照片」，特地拿錢給北愛爾蘭的兒童，讓他們蒙面拋擲汽油彈！

以往，人們總認爲照片是眞實的，文字所敍述的事實也是眞實的，然而，現在的人已不再那麼天眞爛漫。鏡頭不是個簡單的工具，而是潛伺在人們之側的邪惡的偸窺眼睛。無論鏡頭或文字，它們都正在被「新聞」獨特的邏輯所重新塑造，或者說，「新聞」本質的邏輯已逐漸在呑沒其他人倫、政治、法律的一切邏輯。「新聞」或者「媒體」已成了這個時代的新主宰。

其實，這種現象不單在西方、南韓等地發生；它同時也在臺灣悄悄的發展著。稍早前，新光少東被綁架勒贖，媒體為了自己的價值而予以刊登，這種不理會對象之安危而以新聞價值為最高標準之行為，不正是最大的殘忍？再例如，最近發生了一起支票詐領案，有位電視女星的行動電話似乎與該案有關，媒體也在未曾查證之下即將這名女星的名字公佈。「新聞自由」、「讀者知的權利」，這些崇高的口號都只不過是掩飾媒體爭取本身利益的假面！臺灣媒體在爭取自由的過程中，以往殊少貢獻，而「解嚴」及「開放報禁」後，媒體進入戰國時代，商業利益的競爭，以往新聞不自由所造成的壓抑的反彈和起鬨，以前作為意識型態支配而存在的媒體，一夕之間卻成了最大的亂源。新聞必須具有獨特的自律準則，這種準則維繫不易，縱使西方媒體都開始逐漸被剝損，而臺灣媒體夙無這樣的準則，在這樣的時代，它不論為最大號的起鬨來源者幾希！臺灣報紙直接捲入政治或派系鬥爭者有之；政治的派系性超越了媒體起碼的專業倫理者有之；臺灣社會被立體切割得支離破碎，媒體是切割刀裏的一把。時代的獨特處境已將臺灣的媒體作了它本身不自知的扭曲和變形。「言論的自由」，成了媒體自我定義的一種其實與「自由」不相干的「膨風」！

在世界各國媒體將自身的價值擡到一切價值之上的時代，波蘭裔劇作家果瓦斯基(Janusz Glowacki)即將來臺公演他的名劇「灰姑娘」(Cinders)，倒有許多可以反思之處。這齣名劇敍述一個滿懷野心但卻偽善的電影導演到波蘭華沙附近的少女感化院，他表面上是去拍攝這些少女自己演的童話故事劇「灰姑娘」，但眞正的意圖卻是要去挖掘這些少女內心的秘密與創傷，然後將它呈現到西方觀衆之前，以博取同情之淚。爲了達到這個目的，導演遂訛詐、威脅、利誘、設置圈套等無所不用其極。這齣黑色諷刺劇說明了一點：鏡頭邪惡，必是鏡頭背後的那顆心靈先變得邪惡；而鏡頭在媒體世界中的位置，又蠱惑著人心的變壞。鏡頭是人類世界的新「異形」，如竊賊般的潛伺、侵入、寄生，以至於吞沒。

在媒體時代之前，人們藉辯論說理來形成共識，因此，一百多年前的「林肯——道格拉斯辯論」長達七次，每次三小時，最後總統大選那一次更長達七小時；而媒體時代卻改靠畫面的營造，雷根當選靠的即是一捲長僅十八分鐘，精心製作的宣傳錄影帶。媒體時代是一種新的簡化主義當道的時代，政治被簡化成幾個符號，「公民」變成了「觀衆」，爲了滿足人們「看」與「知」的無限龐大的胃納，以往被強烈捍衛的個人隱私權、名譽權，以及其他種種人倫及公共規範，遂被點點滴滴的蛀蝕。每當看到記者詢問新聞對象有若訊問嫌犯，人們就會想到他們的無上權柄是怎麼產生的，「新」聞豈眞的是有這麼無上的價值，可以吞沒其他的價值？

赫斯嘉（Mark Hestsgaard）曾經論說過，現代媒體的起鬨以及對新聞價值的無上追求，業已干擾到了政治程序，媒體成爲賣新聞而不擇手段的新君王。十八世紀以來，媒體的發展，主要在於自身專業規範的完成，協助各種公共制度的建造，以及捍衛自由民主人權的基本準則。但在臺灣，媒體和許多其他領域相同，都是由「前現代」躍入「後現代」，獨獨少了中間最重要的「現代」。在這個媒體的狂歡時代，不正是狄更斯所說的，隱藏著另一種冷酷嗎？

一九九一、五、三十一

鄉愁·牯嶺街·再創造

如果說一九八〇年代是個人們「自我中心」的年代，貪欲和自戀夾雜著對個人成功的崇拜而並生，那麼，九〇年代則是全球的鄉愁年代。鄉愁是一種心情，而非知識。人們藉著鄉愁而走回被理想化，甚至被傳奇化了的過去。鄉愁是一向狂步前行的人們，回過頭來和過去的時間保持親密關係的時刻，鄉愁也就在這種親密中製造出傳奇——它以後就會成爲人們共同記憶的一部分。

因此，目前歐美當道的都是鄉愁。詹姆斯迪恩成了販賣火星塞的廣告人物；亨佛利鮑加則變成了賣手錶的廣告；卡通人物兔寶寶和豬小弟、偶像人物瑪麗蓮夢露和貓王普利斯萊，都從歷史的塵埃裏重新復活。老的歌曲、老的電影主題、老的文化藝術形式，都被鑲嵌在當道的各種文化之中。「後現代」有一大半就是鄉愁。當紅的「第六感生死戀」、「夢田」、「與狼共舞」、「羅賓漢」不都有濃烈的鄉愁貫透其中？

西方是鄉愁，而東方的臺灣也同樣是鄉愁，不論通與不通，各種鄉愁都在這個鄉愁年代復活。從端午的吟詩、傳統悠游文人風格生活方式的復活、文人畫風及文風的出現、對中國及臺灣的文化熱、南管彷彿又再受到熱烈關注，更不必說大眾電影的鄉愁成風了——即將推出的「牯嶺街少年」就可以作爲這種鄉愁的代表。

牯嶺街曾是臺北戰亂初定後的文化中心，是壓抑時代幾乎唯一的文化及社會洩氣口。有人在敗紙雜簡中尋獲大老如吳禮卿等人的日記手札；有人在破書堆裏找到了魯迅、巴金、艾青；當然還有當時青少年最愛的小本色情書籍。牯嶺街藏著許多傳奇，甚至牯嶺街本身就是一則傳奇，摹寫了一個時代的側影。因此，「牯嶺街少年」這樣的大眾電影，不能也不必去追究諸如「像不像」等問錯了的問題——正如同沒有人會去問「羅賓漢」拍攝得像或不像。所有的鄉愁均非事實，而只是編織。「鄉愁」的字源有兩重意義：「回到過去」和「傷痛」。正因人們對現在有傷痛，才會走回那個已成了過去的時間，並在過去中釋然。牯嶺街的時代，人們與生活的距離接近，生命內容直接而簡單。那樣的時代長大的，回頭來看那個時代，壓抑和生活的艱難會被遺忘，剩下的就只是「我們都是那樣長大的」的鄉愁。

西方也鄉愁，東方也鄉愁，但同樣的鄉愁卻有不同的內容。對西方的「鄉愁風」而言，「鄉愁不必要是情感，它涉及的是價值而非事實，人們沉溺過去，爲的是夢境」。這也就是說，鄉愁是人們重溫過去的時間而走向未來，因此，「回到過去」和「回到未來」這兩個不同的時間間隔，就在「鄉愁」的中介之下而被聯繫了起來。

因此，鄉愁是一種懸疑，以及對過去和未來的同時呼喚。牛津學者布勞迪（Leo Braudy）說得好：以美國爲例，現在的鄉愁所繫念的乃是五、六○年代裏那些無邪的事務；而五、六○年代雖曰進步，它又有許多是繫念著一八九○年代都市新興且無羈的歡樂歲月。這些就是說，人的心中總存在著一些藍本，它被投射到了過去之中，並被反過來成了召喚人們的未來。而它的本質卽是對無憂歲月的嚮往和懸念。過去被鑲嵌在現在裏面，再換另一個角度而言，不正是一種新的階段，一種新的文化樣態出現前的懸疑期嗎？鄉愁充斥的時段，古今的時間差距被抹平，一切都被推向人們的面前，這時人們才會發現「過去」、「現在」、「未來」之間，其實是一體混同，相互穿透。

人在定義「過去」的時候替「未來」作了定義，這是西方人對鄉愁的樂觀態度，而東方的臺灣，人們似乎還沒有學到這樣的反省態度。鄉愁不只是懷舊，而必須是對過去的重作定義。九○年代西方的鄉愁，布勞迪認爲是「牧歌的渴望」重現，人們對狹窄化了的進步觀念和人的觀念重作反思，「這種鼓勵著廣告界以過去當作廣告訴求的鄉愁底下，可能潛伏著剛剛露了頭的政治力量」。而臺灣的鄉愁呢？從「牯嶺街少年」、從端午節吟詩、從非洲人歷蘇的來臺，以至於文人生活風格再現，以及一直延續著的鄉土崇拜，這麼多的鄉愁，我們究竟能爬梳出甚麼可以變成未來的東西？如果尋找不出這樣的東西，那麼，我們的鄉愁究竟又是甚麼？難道，臺灣的鄉愁，最後的結果就只不過是一切古老的、被遺忘的被檯到擡面上而已嗎？

而這或許眞是臺灣的鄉愁終究不像西方的鄉愁那麼具有「建設性」的原因。移民社會的臺灣，本來就充斥著雜亂無章、不受馴化的活力。而中國人的社會，儘管號稱「文明五千年」，但一切的思考卻從來卽欠缺歷史性格。因此，「過去」、「現在」、「未來」三者之間，在中國人的觀念裏是被客觀切開的時段。我們不從歷史中找尋意義，而鄉愁如果要有建設性，它的唯一關鍵就是要有歷史性的反思。於是，我們的鄉愁，其實只不過是單純的緬懷。我們要從鄉愁中找到未來，可能還需要另外的一些努力。

這是個鄉愁歲月，人們至少已知道有些記憶不能丟棄，於是電影圖書館找回了臺灣電影的一切紀錄；以文士傳統繼承者自居的人們則力圖恢復各種文士的生活及藝術風格；以鄉土自命者卽鑽研其內；甚至連官方媒體都要搞「二二八」連續劇了。多元並存的鄉愁是第一度的鄉愁，在臺灣的人，是否能從這裏走向具有「再創造」意含的鄉愁之路呢？

一九九一、六、二十九

臺灣空間的非人化

兩百年前，巴黎是歐洲的「爛泥城市」(City of Mud)。狄更斯在《雙城記》裏對巴黎的街景作了最寫實的素描：巴黎處處都是爛泥塘，路面泥漿垃圾混拌，屠宰場的血水、亂葬坑的屍臭、以及多種排泄物的氣味交織，洋溢惡臭，「除了聖母院的兩座大鐘樓的尖頂之外，沒有什麼更近的或更低的東西帶著一點健康的生氣或嚮往。」狄更斯筆下的巴黎恍若可怕的人間地獄。

然而，十九世紀中葉以後，地獄般的巴黎卻搖身一變，成了整個世界的「光明之城」(City of Light)。巴黎的蛻變要感謝四個人。一個是 Pére Lachaise，他是世界第一個墓地公園化的先驅。他使死人亂葬，惡臭縈繞的老巴黎結束。墓地公園化不但改變了巴黎，甚至也改變了世界。死人與活人混居，亂葬坑處處皆是的傳統宣告結束。而另外要感謝的則是拿破崙三世，他在公衛專家 Parent-Duchâtelet 以及貴族 Haussmann 的協助下徹底重建巴黎，乾淨、美麗、甚至堂皇的新巴黎成了文明史上的都市樣板。著名的巴黎下水道，工程之巨大不遜金字塔，它有如蛛網的格局是都市史上的傳奇——巴黎被納粹佔領期間，地下抗德活動許多都利用下水道進行。

巴黎由「爛泥城市」變成「光明之城」，顯示了都市的生命可變。器識、才具、魄力，可以讓地獄變成天堂。都市是人類活動的紀錄，人怎麼樣的看待人類自己，也就會決定都市的形貌。老巴黎是人不把人當人的結果，它自然成爲地獄。新巴黎的出現，其實是人的出現。而現在，到了臺灣的人從人的角度來看待自己城市的時候了！

近年來，臺灣文化領域的潛在創造性開始鼓盪。其中最值得注意的，或許就是都市規劃、建築、設計這個有關「空間」問題的領域。或許正因臺灣的城市日益不堪地醜陋，才逼迫出這個領域的年輕一代重新思考臺灣的都市。最近，一羣關心臺灣空間問題的人士前往日本考察的結果，其實有很多值得臺灣反省的地方。例如：東京的隅田川能把直立式的堤防改成階梯式，民眾就很容易親近經過精心設計的美景和水域；東京的步道可以設計出水渠，城市有了鄉野風味……東京是個具有人味的城市。

其實，任何去過東京的人，都能體會出東京這個城市的「人味」：隅田川美景宜人，商店清雅有致，「人性化管理」穿透任何一個層面。那是一個具有獨特唯美主義傳統的城市。

所有的城市都是人造物，如同一篇超級文章，上面寫著城市的歷史。因此，「城市是一種論述」。當我們由這樣的角度觀看臺灣的城市，或許會發現，臺灣城市空間的缺乏品味，甚或混亂醜陋，它眞實的原因是：臺灣的城市乃是「刼掠者的城市」，而非「人的城市」。臺灣的城市是胡亂穿上的不合身衣服，於是只有永遠的補補貼貼，而成了稀世少見的「百衲寶衣」！

都市的形貌決定於人怎麼樣去定義人、定義人的生活。當人的「心中有人」，各種設計之中就會有人的質素與人的品味存在。而不幸的卻是：臺灣由於從來卽「非人」，於是，從都市最基本的架構——公路、橋樑、河川、下水道等開始，臺灣卽看不到起碼的人的規模，一切都是事到臨頭，不作不行時的產物。拼湊之物當然沒有整體，遑論美感宜人！臺灣過去的貧窮或許是部分的原因，但絕非主要的原因——貧窮者也可以過清簡有序的生活，而不必然髒亂可怖！由貧窮的髒亂到而今富裕的髒亂醜陋，唯一沒有的只是「人」的思考！臺灣是古代的巴黎。

人們的思考之中不把「人」放入，其實也可以由臺灣的飲食文化看出。臺北市最近查驗各級學校消費合作社及附設餐廳，不符衛生安全標準者佔了將近五成。以甚麼樣的飲食供給顧客，隱含著對顧客的定義，高比例不符衛生安全，不正隱含著將顧客視爲刼掠對象的邏輯？

西洋及東洋速食進入臺灣，有人視爲文化侵略。問題是，速食儘管缺乏食的美學，但卻至少有著對人的尊重；中國可能有最好的美食，但卻缺乏了起碼的人的價值。英儒彌爾曾謂：中國有最璀璨的文明，但卻沒有普遍的對人的價值之尊重。何止飲食，我們的城市空間不也是這樣的寫照？我們一切都是刼掠：刼掠顧客、刼掠視覺、刼掠河川、刼掠他人的價值。政府不把人民當人，人民也彼此不視對方爲人。

因此，幾乎所有的城市都有水域——清新的水域是都市生命的源頭；多數城市的廣場公園都有咕咕的鴿羣與人親暱，日本許多神宮甚至麋鹿成羣，街道甚至流水潺潺。這些我們都難以想像——臺灣都市的老水域都早已成了惡臭的死水一潭，臺灣任何開放空間若有鴿羣，怕不早被刼掠進了人們的胃袋或被惡人驚嚇得消匿無踪。使用當今流行的術語：城市是個巨大的文本，表達著在歷史過程中人的演變以及人們社會生活的內容。甚麼樣的城市與甚麼樣的人，是互爲表裏的配對！城市的醜陋，人的醜陋，政治的醜陋，沒有一方可以豁免。

臺灣的都市日益不堪，它可以從諸如政治、經濟、溝通、符號的使用價值……等各種角度尋找它所以不堪的理由。而最核心的部分，或許是「人」在都市形成和演變的過程中從來即未被突顯到主體的位置上。因此，臺灣的都市遂不適人居！

從老巴黎到新巴黎，由於「人」的出現，一個城市由「爛泥城市」變成「光明之城」，人被賦予人的定義，甚至人的死也像個人樣的死。「人」成了主體，城市才脫離地獄的處境。巴黎的蛻變，或許有更多讓我們反省的地方吧！

一九九一、七、三十一

神與魔的相互映照

生命脆弱，世事無常，面對鉅大難測的世界，人們於是就設想出了神。它是人羣的認同符號，也是蔭庇眾生的懷抱，神祇在人的脆弱裏誕生。

因此，從原始神秘崇拜開始，人們就習慣於和神交往，許願立約。這種特徵，縱使宗教已從原始崇拜上升了一級，也仍然未曾斷絕。這種特徵卽「許願式宗教」(Votive Religion)。當代神學大師，瑞士蘇黎世大學教授布克特 (Walter Butkert) 說：「許願式宗教」是一種個人性的信念，當人們有了病痛、危難，或者爲了求財得子，就與神立約許願，承諾在願望實現後有所報償。對神立約許願「是人類面對無法確定、不能掌握的未來時的一種主要策略，以這種契約行爲，使人恐懼的時間遂變得可以掌握」，「許願崇拜是強烈的挫折經驗，是人們尋求逃避及援助的行爲方式，它是超自然對人的決斷、夢境，以及未來所作的干預」。

因此，對神立約許願，是一種割讓，人因爲自己的弱質和無能力，遂將大片精神殖民地讓渡給了神。而人類的整個文明歷史，也就可以看成是人類逐漸使自己不再脆弱、不再依託神祇，而逐漸收回那片精神殖民地的過程。

然而，與神立約許願，固然寬卸了人自己的責任，但人的決斷、夢境，以及未來等被神干預後，卻也正是魔道寄棲的開始——神與魔其實只是一體的兩面而已。這種神魔一體、相互對映的本質，由西方「魔鬼學」的發展早已獲得證明了，東方不也有「魔由心生」之說？所有脆弱而邊際性的人，當他們的處境日益困頓危難、欲望更加不能滿足，也就是神變成魔的時刻。中古歐洲以神的名而殺巫殺異端，卽是魔的化身。在脆弱的人身上，我們所相信的「理性」，其實也是相當脆弱的。

因此，「石門五子命案」這個罕見的命案——一個母親相信神明的指示而帶著五子投河，如果人們把它根據「理性」原則而簡單的看成是個迷信事件或者是精神病事件，或許就會漏失掉它在人類文明成長過程中的涵義。「石門五子命案」是宗教性的天倫慘變，它是一種人因爲自己的脆弱而瘋狂，終致被惡靈吞沒的案件。

在臺灣，我們一向有宗教自由，也的確出現過許多大德高僧及德性學問均佳的神甫牧師，然而，整體的臺灣，在信仰上，最重要的仍是泛神崇拜的「許願式宗教」，它已被各種神秘信仰的陰陽五行以怪秘預言所塡充。拜樹木、拜石頭、拜獸拜禽、甚至拜鬼神荒塚，所有的這些崇拜已大都具有功利主義的性格——甚至我們的「五輕」動工都要拜福德正神。崇拜神明、大家樂瘋狂、求財求子，這些東西相連的共同標的就是發財生子以及升官成功。一個升級的宗教應當使人自省厚重，而不幸的卻是，我們的俗民信仰所追求的目標，卻反而使人們更加焦憂。前幾年大家樂狂飆，鄉野處處都是被砸的土地公，在臺灣，連當個神明都相當的辛苦！

而人不是這樣長大的，文明與宗教也不是這樣成長的。近代已有許多神學家指出過，基督教的教義變遷中，是有過一些藉著信念的重塑而潔淨並重造新人的過程。而我們俗民信仰仍停頓在「許願式宗教」的階段，人的潔淨與重塑無由發生，怎麼能寄望它承擔社會發展更大的重量？就在「石門五子命案」的同時，嘉義有對夫婦，由於以往曾連生三子均夭折，向神明許願如果以後的小孩不再夭折，就一直生到不能再生爲止，由於這個許願，他們至今連生九名子女而不停頓。這裏五子喪生，那邊連生九名子女，一個是倫理大悲劇，一個是人口問題大鬧劇，但它們瘋狂的本質不正同一？

俗民信仰停頓在神魔交接的邊界，這種情況又被整個臺灣「社會形成」的兩極化所強化。近代社會的發展，經常會出現一種困局，那就是它會出現一個愈來愈現代化、跟隨世界脈搏而跳動的部門，它高度均質的整合，合乎理性原則與效率原則，在社會位階上屬於中上階級。他們縱然是有神論，甚至還將神魔視爲一種遊戲的概念而求神問卜，但因他們不再脆弱，神魔對他們已不再是威脅。

然而，除了這種現代化的部門之外，一個愈來愈縮小，但卻不會消失的傳統部門卻也同樣存在並發展著。它被擠壓在都市邊陲的落後社區或荒舊的農村漁村，知識退化，人的脆弱性反而增加。乩童、占卜摸骨、扶鸞……等一切古老的「許願式宗教」都在這裏滋長，安撫著這羣注定邊際化的易受傷靈魂。邊際化的壓力使得這種社羣有著更多的瘋狂，而「石門五子命案」的那對父母周朝復及呂美鳳，就是這樣的邊際人。一九九一年八月，臺灣全島精神病患殺死自己的子女或自殺等案件已有多起，例如新埔一名婦人殺死自己的兒子，這已是她五名子女中的第四樁死亡；馬公一名精神病患以四寸鐵釘自釘而死；臺南一名病患殺死父親……他們是瘋狂的一羣人！「石門五子命案」中的小孩不過是這個祭壇上的無辜羔羊。

每個社會都有人瘋狂，他人的瘋狂才使我們知道自己的正常是多麼的幸運。因此，瘋狂從來就是文明的燔祭，但它的存在卻讓人心痛難忍。「石門五子命案」這個不幸的故事，它述說了兩個層次的哀傷。第一，我們的整個信仰文明，已的確到了要自省的時候，如果繼續停留在「許願式宗教」那個神魔對映、一體兩面的層次，怎麼能期望人的品質經過洗滌潔淨而提高？而未洗滌的人羣，又怎麼能背負著文明走更遠的路？第二，文明發展的兩極化——

即所謂「文明的精神分裂症」已開始在臺灣逐漸凸顯，而我們要怎麼去伸加援手？瘋子的故事也就是文明的故事，「石門五子命案」述說出了我們文明的眞正病症！

一九九一、八、三一

飄・梁祝・拋棄膽怯！

現在，眞是個鄉愁的時代，於是，《飄》的續集開始出現。在資訊已沖垮了「偉大」的藩籬的時刻，人們開始回到過去的「偉大」事務中重找靈感。《飄》的續集寄居在《飄》之上，不需原創即能分享「偉大」，眞是最成功的複製。

《飄》的續集是文學的鄉愁，在繪畫上不也相同？九〇年百年冥忌的「梵谷熱」之後，九一年底到九二年初，則是新的「林布蘭熱」，有五十一幅在當年「林布蘭回顧展」上亦未露面的傑作，將在柏林、阿姆斯特丹、倫敦等地展出。至於音樂，莫札特兩百週年、柴可夫斯基「紐約首演百年祭」，以及法國聖德堅市爲了紀念誕生於該市的作曲家馬斯奈而展開的活動……等。

不過，鄉愁歸鄉愁，在鄉愁之中，我們卻也看到了它們對過去的更加尊重。二、三十年代西方大歌劇團演出名劇，爲了縮短時間，動輒整段腰斬，縱使大都會歌劇團的波坦斯基、芝加哥歌劇團的波拉可等亦然。現在鄉愁當道、「歌劇基本教義派」當道，刪減也愈來愈不被人接受。而另外，許多創新也開始逐漸出現。舉例而言，法國新興「通俗歌劇」（Op'era Populaire），以新的方式演出聖桑的「參孫和達利拉」，以及古諾的「福士德」，俾讓更多人分享。

而在中國人社會，似乎也是鄉愁當道。一九九〇年是「徽班入京兩百周年」，好一陣熱鬧。而九一年又是全本「梁祝」凌波告別演唱，它雖然已沒有一九六二年那種空前的盛況，但老少咸集，卻也足以讓「余生也晚」的後輩揣摩出一點當年黃梅調淹沒臺灣的景象——直到今天，每個人不還是多多少少能哼上幾段。從「徽班入京兩百周年」，到黃梅調這種以往的「邊陲唱腔」反而走紅臺灣，以至於現在國劇的日趨沒落，三個軍種的劇團只爲每年的國劇獎而存在，其實有很多可以好好反省的地方。戲曲的生命和一切的生命形態相同，都有生死榮枯，李笠翁稱之爲「運」。任何戲曲當它不能在環境中自我改變和吸收新的成分之時，也就是它「運」終的時刻。黃梅調獨獨能在臺灣有過風光，儘管下里巴人，卻也不乏教訓。

近世中國，以往是崑曲當道，由明嘉靖以至清乾隆，在文人、劇作家、名演員共同澆灌下而興盛、日益精緻、逐漸個人化——這也是藝術精緻化的必然歸趨。藝術日高，與觀眾也就愈遠，成了文士階級獨特的風格遊戲。崑曲是中國藝術裏走完全程發展的一種形式。於是，現今所謂平劇就在「徽班入京」之後發展，取代並興旺。清朝劇評家焦循說過，它初起之時，「其事多忠孝節義，足以動人；其詞質直，雖婦孺亦能解。其音慷慨，血氣爲之動盪，郊外各村，二、八月間遞相演唱，農叟漁父皆以爲歡，由來已久矣！」戲曲必須植根在民間，這是證明。「徽班入京」是平劇美好的過去！

然而，這一切的確都早已成了過去。自「徽班入京」後，兼容並蓄，而一支獨大發展出來的平劇，以及其他地方戲曲，從它的演出形式，舊式的文人戲曲風格，在進入現代之後，都難以再吸收廣大的新興觀眾，當然也就難以徵召到傑出的戲曲作者，因而日漸沒落，或者靠補貼生存，或者淪落鄉野。曾有香港劇評家敍述過廣州戲的沒落過程——它長期萎縮，於是一步步走向惡化的求變過程，爲了吸引殘餘的觀眾，甚麼穿西裝和穿古裝同臺演出，不同時代的人也在舞臺相會等場面都曾出現過。

也正因此，一九六二年黃梅調的電影化，從戲劇角度言，其實是極有趣味的創新試驗。一個地方「小戲」——黃梅調多半不敍述甚麼忠孝節義的大故事，而專講各種男女情愛等小故事——因爲尋找到了更佳、更普遍化的媒介，居然能在臺灣領導風騷數年之久，由「梁祝」而「董永」。藝術原無定格，貴在創造新的形式、新的媒介、尋找到普遍的觀眾，「梁祝」誠然有點下里巴人，但它畢竟曾切切實實的在臺灣活過。

因此，爲何不勇於作各種試驗？巴托克和史特拉汶斯基敢於引進斯拉夫民歌，葛希文和伯恩斯坦引進爵士樂，史帝夫瑞奇在西方音樂裏加上爪哇和峇里島的「佳美蘭樂」及西非鼓。一九三〇年代歌劇家阿爾班伯格在「露露」歌劇裏引進電影畫面，法國歌劇有些讓演員帶隱藏式麥克風，由主控室調整音量，近年更有演歌劇如同演電影的嘗試。近代西洋流行音樂，如果不是有了新的電子樂器，大概也搖滾不起來……。不同的唱腔、不同的民族風格、新的藝術及文化科技，不同的邏輯構造等，沒有不可交融的地方，從文化和藝術生命綿延的觀點看，其實創新才是唯一的生活。最近有香港樂評家回顧流行樂的發展過程，即顯示出這樣的道理——香港原無自己的流行樂，早年都是更改滬式小調的歌詞，或者剽竊慶州戲的段落。五、六〇年代從「鬼馬雙星」開始進行新的港式流行樂試驗，早期的試驗相當低劣，長期累積，終於到了港式流行樂及歌星幾乎席捲華人世界的態勢！

曲調、媒介、科技、表現的邏輯，其實都不應忌憚進行試驗。否則，等到再過百年，繼續「徽班入京三百週年」又有何意義？也正因此，臺灣文化藝術界勇於創新的，其實才是眞正值得敬佩的先行者。「雲門舞集」新的配樂及表現方式就是個典型。

不僅藝術需要試驗創新，廣泛的文化不也相同？舉例而言，近代文學逐漸沒落，「企鵝」不就藉著大量出版名著的廉價本而再燃起文學閱讀的風氣。美國《時代》雜誌業已霸權在在，最近也開始研究從封面開始到內文寫作的完全改變，再創新聞的另一形式，這在膽怯的中國人社會幾乎是不可能的行徑！

從九〇年「徽班入京二百週年」鬧熱之後，即再無痕跡，再看我們三個國劇劇團只為一年一度的競賽而存在，它們所投射出來的，正是中國及本土藝術的共同處境，而我們不妨從「梁祝」裏去作一些反省——而眞正重要的或許是——不要膽怯！

一九九一、九、二十

泯除雅俗畛域

中國俗諺說：「富不過三代，不會穿衣吃飯。」藝術及文化亦然，它的普遍化繫於社會的富裕雍容。也正因此，德國的藝術及文化理論家班雅明（Walter Benjamin）遂有過「文明的發展是小資產階級的資產階級化」之論。

現在的臺灣，已愈來愈「小資產階級的資產階級化」。小小的臺北，各類藝展場所已快達一百五十處，全臺灣每個月的展覽約有四百項。國家兩廳院差不多好的演出已滿座率日增，而且已有愈來愈年輕的面孔。十月假期較多，市立美術館開始出現罕見的人潮，闔家老小也開始有了排隊看展覽的耐性。臺北人那種傖俗貪婪的面孔，經過藝術的淘洗，已慢慢增添上了氣質。

藝術及文化除了有社會條件之外，它也是一種資源的供需關係，够多的演出及展出場所，够多的鑑賞人口，需求面的擴大，就會舒緩掉供給面慘烈的競爭，以及因此而造成的藝術家黨同伐異的惡質現象，從而才能給予藝術足夠的自由空間。過去幾十年，臺灣藝術的需求面不足，因而供給面遂過度緊張，太多的各類藝術家爲了少數的資源而不得不成幫立派，有的發展政治關係和社會關係，取得支配地位者遂自我定位成了「雅」，被擠往邊陲者就成了「俗」，有的則進行各種惡質的論述競賽，「傳統」與「現代」之爭、「中原」與「民俗」之別，所有的這些爭辯，分析到最後，都不外是供給面競爭所造成的「僞知識爭論」。而這些經歷史的殘餘，隨著需求面的擴大已被漸漸淡忘——唯一的例外似乎是少數繪畫藝術家連續兩個月，至今仍未了結的筆墨官司！

因此，現在的臺灣，已到了以往那種由於歷史、社會條件，甚或市場條件等而做出來的差別性區隔逐漸被抹除的時刻。南管應邀至總統府音樂會演奏，代表了「正當性」的彌補；歌仔戲「呂布與貂蟬」到國家劇院演出，這已是歌仔戲第二度進入國家劇院；甚至原住民的樂舞也開始可以進入兩廳院。所有的藝術活動都有溢出該活動本身的符號意義，上述這些活動如果從更大的藝術架構來看，它一方面顯示藝術區隔被抹除，而更重要的是，只有在「雅」、「俗」、「高」、「低」等界限模糊之處，也才是藝術獲得更大自由以及創新的空間。

除了歌仔戲、南管、原住民樂舞進入兩廳院之外，在文學界，「通俗文學研討會」的召開，也具有同樣的象徵意義。一向被視爲品味較低、不過是消閒、或被認爲是「工廠女工才閱讀」的通俗大眾文學，能被嚴肅的文學學術界討論，這就是一種學術理念的改變。學術界對通俗文學已漸漸拋棄歧視的區隔態度，而能更和平共存的看待這個異類。「嚴肅文學」和「通俗文學」這種其實毫無理由但卻生硬地被人爲區隔出來的範疇，它們的距離已開始被拉近。

《莊子》的〈胠篋篇〉是一篇非常值得現代人閱讀的文字。他淸楚的指出了概念範疇的對立乃是一種人爲的假相，而這種假相肇始於語言，卻又會翻轉過來反而造成紛擾。根據這樣的邏輯來看臺灣的藝術文化界，或許卽可發現它在過去的確充滿著無必要，但卻「事屬必然」的各種區隔，這種黨同伐異的藝術文化現象，它最大的後遺症是當範疇類型對立，各種藝術作爲羣體歷史及生命表徵的實體意義卽告喪失，而只在最外表的「形式」層次上糾結不化。這種情況其實並非臺灣的特例，在西方亦然，只是嚴重有如臺灣者卻殊少見之。《莊子》的〈齊物篇〉裏有一段話：「夫道未始有封（封是指人為界限），言未始有常（常指意義的僵化），爲是而有畛也（指硬分之後分出了不通的畛域）。」這段話很可爲過去的臺灣藝術文化現象作爲注解。

不過，近代西方更早於臺灣就對這樣的範疇分類有過深刻的美學反省。幾乎不論派別，都早已達成了新的共同見解。那就是從十八世紀以來的美學標準，無論「品味論」、「天才論」……等均無確鑿可信的區隔基礎。於是，藝術開始被拉回到一個平等但卻又開始模糊的地位。

而這樣的反省，其實對臺灣應當更爲有用。臺灣的藝術文化以往囿於形式上的爭論，西畫指責山水水墨是「死藝術」，國劇指歌仔戲是「下里巴人」，民俗藝術家則指接近官方主流的是「中原沙文主義」，而西樂則說國樂「低度發展」。社會的發展、資源分配的不足，造成了臺灣文化藝術的急躁與焦慮，這是對藝術家們的殘忍，而藝術家們蒙受到的殘忍，終極則造成對我們整體文化的殘忍。

而幸運的是，這一切都已在近期內快速的成爲過去。如果多參加各類藝術文化活動，即可看出當今各類活動的熱絡，尤其是年輕代鑑賞人口的快速增加，藝術自由、藝術資源更充裕且均等的分配，人爲畛域印痕漸漸被抹除。理論上，這是爲年輕輩藝術家們準備土壤的時候。當然也到了替年輕鑑賞者們開拓視野的時候。近代現象學大師伽達瑪（Hans-Georg Gadamer）在《論美之相關及其他論文集》裏，多次提到美及藝術活動具有節慶與神秘的性質，人在面對各類藝術創造的暫時性裏，其實正是過去和現在溝通、人與夢土溝通的瞬間，藝術使人更加完整。那麼，在這個臺灣藝術生活行將豐茂之際，讓我們盼望藝術創作，甚至人們的更加完整吧！

一九九一、十、三十一

柏林・臺北・荷蘭

一九五三年東柏林暴動，戲劇大師布萊希特評論說：在那人民曾消滅過政府之處，有一天政府也會反過頭來消滅人民。其實它消滅的何止是人民，還有藝術，以及文化。

以往的柏林是世界著名的「文化之都」，但到了今天卻和柏林圍牆一樣的被碎裂，兩德統一以及其他諸般問題使柏林成了「浮動之都」。最好的藝術經理猶太人驚嚇而走，最當道的是各種「抗議藝術」，藝術家的對話總是閃爍著各種排他式的符號性字眼，藝術水準在下降。有一篇報導引述「柏林藝術學院」劇場導演納格爾（Ivan Nagel）的話，實在值得反思：「現在是我們的關鍵時刻，但我們要去抓住一些存在著的東西，我們覺得若讓它消失，它就會永遠的失去；但另方面，如果我們創發甚麼新的，卻不會有甚麼報償，這就是我們的矛盾處境。」這是真誠藝術家會覺得寂寞的時代。

臺北不是柏林，我們是「富裕之都」了。近來，我們請到了幾乎是最好的以色列室內樂團，有馬友友，有不容錯過的歌舞伎大師坂東玉三郎——歌舞伎乾旦演的不是「女人」而是呈現全部的「女性」，一種「觀念的姿勢」。世界級藝術明星的紛紛來臺，遮掩掉了我們舉辦第一屆「臺北國際鋼琴大賽」種種不愉快。而金馬國際影展的售票空前熱烈，也遮掉了電腦售票的小小瑕疵。這些小小的紕漏，對我們逐漸走向的藝文之路，都是整體社會繳交的學費。文化藝術活動不只是創作者和表演者的事，而是一大組動員網路的集團運作，它必須具備高度的合理性，而這種合理性在我們的每個領域裏都仍處於摸索的狀態。

臺北不是柏林，我們爭相延聘大師來臺演出，總是受到年輕觀眾近乎癡狂的崇拜，而金馬國際影展排隊者之中又多屬揹著書包的小朋友。飢渴的青年藝文愛好者，將臺北裝扮成了一個饕餮的文化族類。

貪吃藝文活動當然勝過貪吃滿漢大餐，但讓人揪心的是爲什麼觀眾排隊要看的總是影展的外片，而不是金馬獎入圍的影片？隨著臺灣影界的日益國際化，除了鄉愁之外，他們能在本地影片裏得到什麼樣的滿足，或許根本就再也不可能得到滿足？

電影如是，而繪畫美術不亦如是？嶺南宗匠黃君璧先生甫過世，猶憶當年「文星」時代，黃君璧就曾被一些現在已變得很保守，當年卻是「藝評紅衛兵」的人指爲腐朽云云，並抨擊水墨畫無生命力，與生活無關等等。到了今天，孰大孰小其實已不必求證，而「嶺南文化圈」甚至已成了文化上的學術名詞。現在，黃君璧已逝，與昔年相酷肖的爭論卻在美術圈又起，這種其實已持續好幾個月的爭論，由於集中在「美術思潮研討會」中展示，遂格外怵目驚心。臺灣美術界一向多抗議性，扣合著政治氣氛的變化，在這點上，臺北卻又頗像柏林。這是個文化一如政治而多抗議的時刻。然而，文化終究並非政治，黃君璧的山水與世界完全無關而不減其大，張愛玲的小說和八年抗日完全脫節，卻無損其文學價值。再如英國的珍奧斯丁，在那個狂飆的十八及十九世紀交接之頃，寫她純粹生活性的小說，而其地位早已難易。藝術文學可以與時代有關（如布萊希特，如畢卡索的反戰），但也可以無關，它有本身自在的準則，一如抗議是民主的一部分，但只是極小的一部分。讓人擔心的是太多的抗議，反而延遲了民主，一如太多的抗議文化，可能降低了藝術。也正因此，藝術界或許也可像文學界一樣，早點把甚麼鄉土之爭丟到腦後。

瓦勒斯坦（Immanuel Wallerstein）是個在最大範圍的「世界體系」上從事反體制思考的近代思想家，近年來開始踰越政治經濟的本行而談文化。在甫出版的《地理政治及地理文化》一書裏以大量篇幅談「文化的抵抗」——世界上的文化被支持者要怎樣去抵抗所謂的「世界文化」。有這麼一段話：

我很懷疑我們能經由對純化的世界文化之研究，而能夠找到我們的路。我同樣懷疑抓住國家、種族，或任何特殊主義的文化形式，除了具有當枴杖的意義外，還有其他意義。找枴杖並非愚蠢，我們經常總是需要枴杖來恢復我們的完全性。不過，枴杖從它的字義上就可知道，它其實只是個短暫的過渡現象。

瓦勒斯坦談「文化的抵抗」談得閃爍而不確定，這並非他的不敢或無力，而是因為文化原本即不是一刀切那麼簡單，過度意識型態化的結果，最後只會讓自己走進了死巷，而失去藝術和文化。所有的文化或藝術形式都有限制，反抗可能好，可能只是另一場疫病。不把過去的藝文現象作簡單化、獨我主義的理解，或許才是再創造的新機緣吧！

最近，西歐小國，人口一千五百萬的荷蘭，出現一個「外國文化政策委員會」，為保存荷蘭文化而展開遊說，理由是荷蘭日益國際化，通曉三至四國語文已成常事，新一代普遍看美國電視，讀法國小說，聽德國音樂……等，最後是甚麼都有了，就是沒有了荷蘭。這是個實務政策的爭論，也是理論上可爭論的問題。但至少有一點可以確定的是，文化上的許多爭論眞假參半，實際的創造才是最後的實在。面對臺灣文化雜食的新生代巨大胃納，我們眞正需要的是更多眞誠的創作者和表演者。柏林藝術家會寂寞，因為「我們要去抓住一些存在者的東西，我們覺得若讓它消失，它就會永遠消失，但另方面，如果我們創發甚麼新的，卻不會有甚麼報償」，但臺北終究不是柏林，只要能抓到東西，否則，臺灣就會變成荷蘭人所耽心的結果！

一九九一、十一、三十

知識分子・文化・邊緣化

臺灣早已是一個豐裕的社會，套用法國思想家波希拉(Jean Baudrillard) 的觀念來說，在這樣的社會裏，各種訊息、符號、意見交錯，交錯的結果是一切都失去了意義，「憂鬱」——一種無力感的痛苦意識及熱情，乃是這種意義消失模式裏的內在成分，因此，我們都很憂鬱」。在這樣的社會裏，「差不多一切的人都被邊緣化」，「消費生活成了社會的新底水泥」。

「邊緣化」是個近代日益突出的人文現象，對文人知識分子尤然。「邊緣化」是一種結構改變的結果，從啟蒙時代以來一直居於主要領導地位的校園、咖啡館等公共空間，早已逐漸讓位給了國家機器、媒體、市場等新而有力的機制，校園已不再是文化及時代精神的創造中心——這也是西方的大學儘管有大量文人知識分子使用艱澀的語言講人們聽不懂的進步思想，而整體的人們仍然「只是隨意過著自己的生活」的最主要原因。

此外，「邊緣化」同時也是文人知識分子角色失落及錯置後的結果。就以近代最主要的文化爭論之一——「文化工業論」爲例，進步知識分子認爲現代的文化早已變成一種大量生產的工業，一如裝配線的生產，這是種「虛假的意識」、「多餘的需求」，一種新的支配關係的形成云云。「文化工業論」作爲一種批判的概念，不能謂之全屬虛妄；但誠如英國文化學者雷蒙・威廉士（Raymond Williams）以及其他年輕務實學者所說，「文化工業論」裏存在著太多殘餘的啟蒙意識——亦即文人知識分子總是要當別人的指導者，這種高高在上的遙遠距離遂使得文人知識分子自外於俗民大眾。也正因此，雷蒙・威廉士遂指出：「距離」的掌握乃是文人知識分子立身的關鍵，太過遙遠是文人知識分子的自我異化，它會讓知識分子的見解失去了準頭；太近了，則又會淪爲以另一種顚倒過來的方式爲一切現存的事務辯護。

因此，社會的構造與功能的改變，以及文人知識分子不能隨著這樣的改變而自我調整，乃是西方文人知識分子日益「邊緣化」的關鍵。在臺灣，這樣的情況似乎已逐漸發生。

以往的臺灣，文人知識分子處於普遍性的被壓抑狀態，他們一切不能爲亦不敢爲。文人知識分子不曾在臺灣扮演過西方式的啟蒙角色。因而過去幾年裏，他們只不過是臺灣這個超級大彈簧床裏被反彈出來的現象之一。不同的是，在「士、農、工、商」傳統文化的籠罩下，文人知識分子的反彈格外引人注目而已。由於不曾擔任過啟蒙的角色，反彈出來的文人知識分子，爲了彌補歷史的缺失，也就格外的在各種政治及文化符號戰場上跑到了最前線——在政治上，文人知識分子甚至比民進黨還要激進，而在文化上，文人知識分子更是各種符號戰爭的最前進兵丁。而過了一九九一年的十二月，這一切都似乎到了沉澱以及重新思考，還有爲了再出發而重新思考的時候了！選舉的結果是一種指標，泛政治化及泛符號化的報紙有的倒閉，有的不能維持而重組，這也是個重要的指標。由這些共同的指標，它所顯示的是，對臺灣的文人知識分子，如何面對「邊緣化」業已成了可見的未來的重人排戰——在這個誰也不見得比誰偉大的時代，誰能啟蒙誰？在這個「生活」已成爲社會最土要的網絡的時代，知識分子在廣泛的文化事務上還能扮演什麼樣的角色？

文化從來卽由三個層次所組成：

㈠它是建制的層次，由國家的意識型態機關、民間的文化機構、團體等共同組成，它是組織，也是相互之間的規範。它的制定標準是「合理性」。

㈡它是顯露出整個社會情況的文化生態環境，它的制定標準是開放、多元、公平、相互之間的尊重等的「相互性」。閩南語裏的那個口頭語「互相」最能抓住它的訣竅。

㈢則是具體的文化事務的創造，它可以是個別的文藝種類，可以是影藝歌曲。所有的創造物必須使人愉悅、昇華、提高，它的制定標準是「創造性」。

所有的這三個層次，以往的臺灣均殘缺不全，而在近年裏儘管仍然有欠缺，多少已在改善。立法通過公有及公用營造物應有建築費用的百分之一用於藝術卽是其一，臺灣最具有西方進步資產階級特性的某些團體羣落，最近自組室內樂團，也是其一，在臺灣業已「政治熱」退潮，「文化熱」當道，它所顯示的已是整體的臺灣業已蓄積了許多動力，準備在整個文化或文明的生活方式上進行跳躍。而文人知識分子以往多少有點「抓狂」的文化符號戰爭，在健全文化的生態環境上至少不無微功。符號戰以符號戰解消，李登輝總統接見三位文化獎得獎人余英時、呂泉生、李天祿，三個名字，一個奇特的象徵性組合，文化符號戰到了漸漸失去衝力的時候。臺灣剩下的文化問題仍多，而「創造性」才是我們最大的考驗。

如果我們今日回視西方今日的文化景觀，或許卽可發現它一切脫胎於十七世紀末以迄十八世紀中葉的那個時段，舊有的狂亂生活文化被驅除，而最重要的是新的文化與生活型態被揉捏重塑，於是有了在特定區隔空間舉行的足球，有了登山郊遊，有了被戲劇化的聖樂，有了特有的博物文化館……。文化是經由藝術及文化活動而重造新的生活品質，讓人們在快樂、高尚、參與、合理等範圍都日益提升，文化的創造比六年國建更爲艱難。

或許，我們耽於文化符號戰太久，已疏忽了它的創造。臺、港及大陸三地導演卽將在香港集合，臺灣電影導演最是虛怯，電影是現代大衆文化最重要的種類之一，新的電影語言及呈現方式早已不斷出現，外國電影爲何有那麼多「又好看又有意思」，而臺灣電影卻「好看的沒意思，有意思的讓人打瞌睡」，許多電影拍得像個「有故事的紀錄片」。電影只是文化創造的一小部分。它所顯示的或許是在文化符號戰之後，我們的文人和知識分了還有更大的空間必須去尋找吧！臺灣不能連整個文化也邊緣化啊！

一九九一、十二、三十一

科技・文化・音樂工業

一九九一年，將世界作爲一個整體，最值得注意的或許是「音樂工業」。九一年歐美蕭條，而唱片影碟卻一支獨秀，難怪連《經濟學人》這樣的雜誌，在歲末年初也都製作起「音樂工業」的專題，「音樂工業」正在改變著世界。

不但九一年是「音樂工業」獨紅的年份，九二年估計將更加熾熱。「菲利浦」的新數位音帶（DCC）將於五月推出，可領先「松下」的DAT，而且價格更加便宜；以「隨身聽」而紅的「松下」也將推出「微型唱盤」，它的「隨身聽」也才八百美元。而音樂影碟的新產品CD——CDTV也在九二年推出。攝影彩印的複製科技改變了繪畫，而原音重現的「音樂工業」也同樣正在改變著文化。

「音樂工業」的主體當然是熱門流行樂，但古典卻也因此而復活。以當代三大男高音爲例，當年只在少數人的歌劇圈走紅，不正是「龐克天才」麥克拉侖（Malcolm McLaren）將多明哥拖去錄製「蝴蝶夫人」CD，此後歌劇CD成風，三大男高音也就和麥克傑克森一樣的成了偶像。「音樂工業」煽起了「巴洛克風」，不但巴洛克音樂一一復活，中古時期的牧歌、聖樂、吟唱歌謠，甚至愚人節說唱，再到古希臘的歌謠器樂也都在近年被重新呈現且普遍化。「音樂工業」的勃興，一九八九年一年即賣了六億張CD，九〇年達八億張；而錄音帶在九〇年已賣出十五億卷左右。「音樂工業」的工業化及消費化，和其他「文化複製」相同，都有這樣的結果：

㈠這種「文化工業」並不必然是壞事。積極面，它是民主文化的形成條件之一。二、三〇年代最重要的文化評論家班雅明(Walter Benjamin)認爲，文化複製有它的積極作用，當時頗引起爭論，現在證明他或許才是對的一方。

㈡這種科技所造成的「新興文化工業」，由於市場的需要而必然的會將整個文化作一次完全的翻起。就以「音樂工業」爲例，它不就將整個西方的音樂傳統重新翻起了一次——音樂不只是莫札特、貝多芬；從古希臘其實並不怎麼好聽的音樂開始，它走過一段好長的路。音樂與一切文化形式相同，都有它的社會學及歷史學在內。「音樂工業」和一切「文化工業」相同，也都自然的會促使以往每個時代被那些信徒們製造出的神話逐漸瓦解。「文化工業」打開了人們的知覺視野和知覺網路。

㈢「文化工業」的大量消費與供給，自動的塡滿了以往的「雅俗」這種「階級」或「代間」文化的鴻溝。一九九一年最值得注意的是兩位從未寫過古典樂的熱門音樂作曲家所發表的古典樂：一個是「老披頭士」麥卡萊（Paul McCartney）在美國卡耐基音樂廳發表「利物浦神劇」——而麥卡萊卻是個不會讀譜寫譜但卻有樂念的「非內行」，他有專屬的作曲者記錄他的樂念並加以鋪陳；另一個則是通俗歌曲作者漢姆李希（Marvin Hamlisch）所寫的「和平之解剖交響樂」。

由科技而延伸到各種「文化工業」，也就使人想到從九二年起的英國音樂教育改革，它要加強英國小學的音樂教育，目標是讓兒童在小學高年級時至少有聆聽和判讀賦格曲的能力與興趣，這項改革在英國頗引起爭論，但至少已顯示出在這個「音樂工業」興盛的時代，「音樂工業」已促使了音樂教育的改革。（按：在目前全球，古典音樂素質最平均的乃是奧地利與英國，英國BBC所作的民意測驗，要求成人舉出最熟悉的曲目，答案竟然是：貝多芬「第九」後面的「歡樂頌」，艾爾加的「威風凜凜進行曲」第一首，巴哈的「哥德堡變奏曲」，蓋希文的「一個美國人在巴黎」！）

由西洋的「音樂工業」所造成的文化影響，其實也可看出臺灣的某些側影。在過去一段時間裏，臺灣的「音樂工業」也空前發達，「音樂工業」促使了各種音樂大小傳統的追求與發掘，大半抄襲日本昭和歌謠的臺灣老流行歌被翻了出來，被遺忘的地方民歌也被翻了出來，更不必說臺灣的民族音樂南管等等；至於大傳統方面，以往臺灣嫻熟中國的南方音樂，晚近也引進大量中國宮廷古樂和北方音樂。至於流行樂的曲風也日益複雜而難以簡述。

也正因此，最近由《中時晚報》所推展的最佳歌星及專輯的第三次年度選拔，以及方才由樂界以及企業界成立的音樂教育及欣賞基金會，一者旨在鼓舞消費者參與流行音樂的活動，一者希望藉著音樂教育的鼓吹，佳作的獎勵而提升國民的音樂素養，這些都頗堪嘉許，而一家「音樂工業」的公司整理爬梳即將消失的民歌，更讓人想起西方那些學者在紙草書及古希臘的斷簡殘篇裏拼湊古樂版所作的努力。而所有的這些，其實有大半是拜「音樂工業」與起後的浪潮所賜。

並非「學音樂的孩子不會變壞」，各種不同範圍的學習並不必然會轉移到「品德」上，因此，在某種社會條件下，音樂也會被工具化而爲某種意識型態服務。許多前納粹都是古典迷即是證明。而現在的臺灣，我們並不擔心這種社會條件，而只是擔心將音樂作爲一種「美的遊戲」的能力之衰退。我們的教育都在忙著考試，「樂」教早已不知被丢到了何方！

也正因此，或許今日的臺灣在從事文化建設的此刻，不能只是玩著「分錢」的遊戲而已。每年年底歲首，臺灣都在進行各種選拔推荐，我們有「十大好書」、「十大歌星」、「十大專輯」、「十大小說」，以及另外那些各種「金×獎」，所有的這些，在文化類別上，是否能發展出更有綜合性以及地位性的獎來，一如普利茲獎或葛萊美獎？文化需要市場，但同時也需要鼓勵和教育。由西方以及我們的「音樂工業」日益興盛，它留給我們的或許是更多未竟之業吧！

一九九二、一、三十一

歷史・碑・惡與罪

九二年是「二二八」的翻案年，於是，我們有了準官方的《二二八報告》，有了「二二八音樂會」，有了「二二八」建碑的籌備，更有了李總統的向死難家屬代表的致歉以及郝院長的代表政府認錯。再接踵而來的，將是更實質性的賠償。我們可以說，一種在政治層面上的翻案已在快速的展開。

在人類的歷史上，從來即充滿了惡、不幸與災難，因而除非歷史終結，人們總難擺脫翻案的不斷出現。翻案是以一種完全不同的態度來對待以往的不幸，因而翻案被翻的方向有無限的可能性，它被翻到那個方向不但取決於今人的企圖與視野，也取決於文化和政治的條件。而非常不幸的卻是，儘管東方國家總是在不斷的翻案，赫魯雪夫翻史達林，戈巴契夫翻布里茲涅夫，鄧小平翻「四人幫」。然而，對於所有這些欠缺了價值多元觀的社會，是非善惡由於已長久的被卡通化，它們的翻案遂成了最低級形式的「鞭屍」。「鞭屍」是一種簡單的翻案，它非常可惜的將翻案無限可能的開放空間侷限到一個最狹窄的角落。法國思想家波里克說過：「政治的倫理只有在開放自由的空間上看出」，這樣的翻案再也翻不出任何新的歷史。

因此，作爲一段歷史和一個特殊事件的總結之翻案，它其實是具有替未來「再定方向」意含的歷史創造工程。翻案不只是諉過失於某幾個人的失責就可以解決掉的懸案，歷史的不幸乃是一種疫病，也是惡的總體性表現，除非我們的翻案能被翻到這個深層文化甚至靈魂的層次，否則我們怎麼可能眞正走出「二二八」那巨大的陰影？黑澤明是個具有何等開放心胸的大型知識分子，然而他在「八月狂想曲」裏對長崎被擲原子彈的總體反省，卻因爲太過濫情而被視爲一種拙劣的替日本翻案。翻案是個指向未來的再詮釋過程，對「二二八」臺灣的知識分子有太多未竟之業。如果只將它化約爲外省人的鎭壓之說，或許我們就眞的可惜了如此血淚珍貴的翻案機會。

中國文化對於善惡的問題，對於人的罪惡問題從來卽無所措意，我們總是生活在一個被簡單化、被卡通化了的價值世界裏，善惡分明，忠奸對立。這樣一種卡通化了的價值世界，使得中國文化裏的個人從不曾面對靈魂煎熬，人的罪惡與他人的受苦，歷史過程的不幸與災難等倫理、歷史、甚或宗教層次上的反思。尤其是在面對歷史災難時，由於災難的巨大對比，它更加造成了這種卡通化世界的擴大，由於我們很容易就可以找到負責的人，在將一切都丟給它之後，我們也就懶得再作更多的思索。「尋找為過去錯誤負責的人」的態度，定義了我們只看過去但卻不能以過去為鑑的性格——尤其是知識分子性格。

對於「二二八」政府賠償並道歉是理之應當，儘管太多家屬所受的創傷可謂是再如何撫慰也彌補不來的憾事——這種在人類歷史過程中出現但卻不可能彌補之受苦，或許才是這一代臺灣知識分子更值得反思的課題吧！

「二二八」對家屬是一種受苦，對統治者以及往後一切從政者，則是無限責任的提示以及專制政治和專制政治文化的揚棄。而對一切不直接有關的知識分子和其他眾生，則應當有更廣泛和深刻的精神上以及文化上的意義。這也是當某些人將「二二八」作為某種政治資本在運用時使人驚悚的原因。

在近代神學家裏，梅茲（Johann-Boptist Metz）曾說過，在這個世界上有一種權威不容或忘和輕視，它就是「受苦」，受苦是人類總的罪惡的提示，它提示了過去無所不在的罪惡，它是權力的無限擅專，是邪惡的貪婪，是人與人經常注定的不能以及拒絕相互理解。所有的這些，它使得作為人的本質之一的「自身侷限性」以及「可錯性」遂在人的自由中出現。因此，惡與自由、惡與人的生存情況恆為一種孿生關係。對於惡，人其實也就因此恆處於一種永恆的兩面作戰中，一方面是要勇敢堅定的向它戰鬪，而另方面，爲了防備自己成爲惡那雙看不見雙手的代理，爲了防備自己變成同樣的墮落天使，每個人也都有一個在自己裏面的戰場，它需要永遠的謙卑，謙卑不是懦弱，而是只有謙卑，人們才能作好面對生命情境中的矛盾對立以及考驗時的靈魂準備；此外，人們也需要長保敬畏之心，它不是讓人因而變得無能和無爲，而是只有敬畏者才能更加掌握住生命情境中隱而不彰的各種秘密，而只有謙卑和敬畏才會慈悲。歷史上的受苦，別人的受苦，或許只有如此，才會轉變成我們可以享用的生命給養。「二二八」家屬有許多人曾在窘困中掙扎，在陰影下屈辱，這些受苦如果要有意義，它們的意義大概只能在「使受苦不再延續」這個未來的希望上！

文化是近年來普遍爲人們關切的事務。文化可以指音樂藝術，可以指生活方式，但這些其實都是浮出的表面，文化更重要的毋寧是深藏在這一切之下的那個更廣大的「精神」的世界。它是文明的母體。西方人在羅馬帝國野蠻的壓迫，在競技場與獅子的肉搏中，在十字架的滴血中鍛鍊出了這個內省的世界，只有足够的內省才有可能煥發出不同的外爍。「二二八」不只是政治意義上的事件，它那更大的文化和精神面向或許更值得我們去察覺吧！

一九九二、二、二十九

繪畫狂飆，市場狂歡之後……

藝術骨董拍賣公司「蘇富比」首次在臺灣舉辦拍賣會。短短兩個多小時裏賣出畫作七十七件，成交總值八千六百萬，過去幾年錢潮飆向繪畫市場，尤其是飆向第一代本土西畫家的狂歡炒作被帶到了一個新的高峰。

這次繪畫拍賣的確是場罕見的市場狂歡。拍賣會前夕，就有五幅畫作鬧出贋品風波，接著又有一幅作品有雙胞主人的扯皮事件。繪畫的源流、作品的良窳、畫家的評價，這些眞正關鍵的問題根本無人提及，也不會有人感興趣，反而是周邊的這些眞眞假假的打混問題成了人們最愛聽的扯淡事務。等到正式拍賣，又是一陣畫廊護盤，近年來在炒作繪畫上不遺餘力的畫廊，它們如果讓這些拍賣作品賣價太低，壞了以後的行情，同時也難向以往用高價買畫的客戶交代，遂不得不拚力護盤，於是，我們那些老畫家的作品，價格高過國際大師的「超行情」遂告出現。兩小時的競標成了一次市場狂歡；老百姓多了許多閒聊的題材，新聞界有了煽火膨風的好題目，繪畫市場護盤成功則安定了畫家及投資者的士氣，畫廊往後還會有生意可作，而更大的贏家則是「蘇富比」憑空落袋近千萬的手續佣金，我們的國稅局也多了將近一千萬的稅入。狂歡一向皆大歡喜，繪畫市場的狂歡並沒有輸家。不過，在這次繪畫的市場狂歡後，使人憂慮的反而是未來。自古以來都是樂極生悲，繪畫市場原本卽是一種商品遊戲，它像老鼠會一樣需要不斷湧入的投資老鼠，過分惡質的護盤炒作，誰知道我們的繪畫市場會不會像稍早前的「紅龍市場」一樣？

近年來，全世界都在炒作繪畫。戰後半個世紀的繁榮出現了大羣有錢人，洶湧的錢潮東奔西竄，股市房市由於金錢遊戲的規則已日益嚴格，於是繪畫骨董遂成了新的炒作市場，當年的嘉舍大夫沒有治好梵谷自切耳朵的瘋狂，但梵谷爲他畫的肖像卻被日本商人喊成將近臺幣八億的天價。商人炒作繪畫，而且變成了一種新聞傳奇，它的結果是使得繪畫市場化、作品商品化更爲嚴重。在西方社會裏，以往的繪畫由最後會將收藏品捐獻出來的收藏家以及公共畫廊和藝術博物館支撐，而到了現在，則是「已沒有了收藏家，只剩掮客與投資人」。原有藝術市場的遊戲規則被打破，連帶的當然是原有的藝術美學規則被打破。以往，繪畫總是會被賦予「意義」，而到了現在，則是所有的這些「意義」都告消失，繪畫變成一種絕對性的商品，它不需要康德美學或黑格爾美學等來作支撐，只服膺於商品的邏輯；它需要畫廊炒作、哄擡、製造新聞或故事；它也需要蒙昧而一窩蜂如老鼠會裏投資老鼠般的投資人；至於畫家，則如杜象（Marcel Duchamp, 1887-1968）所說：「未來的畫家只要設計而不需要創造」，最好的畫家就像超現實主義大師達利（Salvador Dali, 1904-1989）一樣，行爲怪誕、作風怪誕，但卻又是最會精打細算的生意人；甚至於像普普藝術名人安迪瓦荷（Andy Warhol, 1929-1987）一樣，「變成了藝術生意人」，他擅於活動、製造話題、營造知名度、時時注意自己的行情，他的女友在最近出版的回憶錄裏就坦承他所營造並生活於其中的，乃是一座「媚俗的王國」！所有的畫家在這個人人都可以出名十五分鐘的時代，最重要的就是抓住這十五分鐘的經濟效益和生意，新的繪畫君王是畫廊與掮客。

這就是繪畫如商品，甚至是比商品還要商品的新局面。當代法國思想家波希拉（Jean Baudrillard）對此有過趣味盎然的分析：未來的畫家不過是個符號與形式的生產機器，藝術只不過是模擬和戲仿的一種拐誘，藝術不再有任何參考的座標，只不過是一種純粹的商品透明遊戲！

如果繪畫果眞是畫家的狂歡也還罷了，然而現實的世界顯然並非如此。過度的狂歡，它會被厭倦以及停滯所報復。在西方，繪畫的市場狂飆，它造成了正統收藏家以及藝術機構的卻步，而它們的卻步是市場狂歡這個大泡沫終究將迸裂的原因。這正如同狂歡節的時候一切皆美好，但它其實只不過是個紙紮的堡壘而已，它和一切的飆相同，倦怠和停頓反而是它的結局。

因此，臺灣的繪畫狂飆到底說明了什麼？任何繪畫市場均有特殊性以及收藏者的特殊偏好，日本繪畫的國際地位需要日本收藏家的收藏與擡高，這正如同嶺南畫家總是會獲得香港收藏家更多的青睞。然而，像臺灣這種將第一代本土畫家炒作到超過國際大師的極端，它所顯示的文化偏食卻也全球罕見。這樣的偏食與膨風，可以視之為一種反彈，但反彈終究並非藝術。這也如同市場炒作以及拍賣護盤，它或許可以創造「價格」，但終究不能創造出「價值」！

過去兩三年，臺灣繪畫市場被炒作得光怪陸離：有的畫家被「包買」，有的則被畫廊左手右手的買賣所哄擡，加以股市資金的流出、媒體的起鬨、財團和基金會的藉機逃漏稅，我們的繪畫市場遂告空前熾熱，問題是藝術並非不可或缺的三餐，也不是可以轉換為其他使用價值的股票房地產，它是一種美的探索，一種生活品質以及人的氣質之追求，這些乃是藝術終究不能被化約為商品的終極價值，除非我們的社會經由文化重塑而具有高度審美意識，否則一切的藝術市場狂飆終必破滅，一如人類歷史上曾出現過的各種「飆」——有「鬱金香飆」、「朝顏飆」、「黃金樹飆」、「紅龍飆」……等。據所知，在繪畫狂飆之後，「蘇富比」拍賣固然在畫商不惜血本的護盤下創造出價格紀錄，但就在同時，我們也看到了它的極限，最近繪畫市場的買氣已降，投資者退訂退票之事已告出現。我們不應當幸災樂禍看繪畫市場的蹶倒，卻希望它能在冷靜中增進國民的審美品質，而現在或許是探討這個問題的時候了！

一九九二、三、三十一

藝術·國家·贊助人

所有的文化藝術都是社會產物，它必須被人購買，被購買是藝術家和藝術存在的條件。因此，文化和藝術的購買者即是「贊助人」。從古而今，贊助人的種類不斷流變，因而文化藝術的風格、表現形式、美學密碼等也就不斷的生成變化。一個缺乏贊助人的社會，肯定是個文化藝術人潦落的沙漠，而美學的密碼和習慣也就不能成長和沈澱爲可以遺傳下去的「美學基因」。

從「贊助人」的角度來觀察臺灣的文化藝術生態環境，「二十一世紀基金會」最近所作的民意調查的確讓人洩氣：經常參加地方或中央文化中心活動的人口只有四·九%，臺灣民眾最普遍的休閒活動仍是「燒香拜佛、上KTV、聊天、散步、逛街、讀書、聽廣播和郊遊」。而根據稍早前東海大學所作的調查，除了極少高學歷、高所得之文化藝術菁英外，臺灣一般人對精緻文化殊乏興趣。臺灣是個大眾在文化藝術的維繫與創造上並不足以擔負起

「贊助人」角色的社會，這樣的社會其實尚不足以言文化。根據歐洲最近的一項報告，西德平均每人年購書一二〇美元，日本每人五八美元，而臺灣方面則有人估計只在一〇美元左右。單單以書籍消費作爲指標，卽可看出臺灣文化藝術的沙漠景觀，菁英與大衆之間嚴重的斷層，斷層的不能彌補，自然是大衆的文化藝術水平無法提升，以及整個社會的美學密碼和美學習慣不能沈澱到人們的生活之中。

由於大衆尚不足以擔負起文化藝術的「贊助人」角色，自然的，臺灣遂只能像十八世紀中葉以後的西方一樣，以「國家」和「資本家」作爲最主要的贊助人。最近各方嘈雜未已的「文化藝術獎助條例」卽是一項以「國家」作爲文化藝術贊助人的條例。有國家贊助總比一無贊助爲佳，但英國學者米尼漢（Janet Minihan）及伍爾夫（Janet Wolff）等早已指出過，它的危險將是「文化的國家化」！

西方在十五世紀前，文化藝術的贊助和古代中國相同，都由皇室貴族爲之。古代西方的贊助人因而對創作者的自由有最大的決定權。以繪畫爲例，他們要求必須多用金色、銀色以及紺青色，他們也決定什麼可畫，什麼不可以畫。這種干預同樣顯示在文學和音樂等方面。這種干預到了一六四八年巴黎成立「法蘭西學術院」，一七六八年倫敦成立「皇家學術院」之後，更加被理論化。

不過，十八世紀中葉後，西方封建社會結束，現代社會逐漸浮現，贊助人也就因而逐漸改變，並被一種獨特的文化機制所操控：出版商、經紀人、畫廊老闆、評論家、博物館負責人、特定的文化機構，它們都以贊助人或中介者的角色相當程度決定著文化藝術。以十九世紀的英國文學而言，出版商及文學雜誌的連載卽造成狄更斯若干作品的風格，當時最有實力的公共圖書館要求三部類小說，使得喬治依利特據這種要求而寫作。再以法國印象主義繪畫爲例，由學者的研究以及印象派畫家的傳記，我們今天已可看出它相當清楚的反映出當時新與的「畫廊主人——評論家——文化中產階級」的結盟共生關係業已凌駕了「貴族——法蘭西學術院」的關係，注釋美學的社會關係開始轉變。

不過，雖然文化藝術爲社會的產物，但它畢竟不只是機械地反映社會，而是文化藝術作爲相對自立的領域，業已發展出它的自身規範。而維繫這個規範的卽是十九世紀才開始出現的專業評論家，他們操持著文化藝術的權柄，當年的英國評論家約翰羅斯金(John Ruskin)卽是典型代表。專業評論家在贊助人不斷變動，文化藝術也不斷變化的過程中，以守門人的角色維繫著美學傳統的延續和繼續發展，而這也是儘管西方國家的「國家」已扮演著愈來愈重的贊助人角色，但它們的國家贊助尚不致發生過分離譜的事情之關鍵。

其實，文化藝術和其他一切社會活動相同，都是愈自由、愈多元，才會愈有創造力。因而以國家為贊助人，對文化藝術的創造殊無貢獻。美國的「社區藝術家制」以及「在地藝術家制」（Artists-in-residence），英國的「藝術委員會」和「地方藝術協會」都是以「國家」作為贊助人所延伸而成的制度。但根據實證的研究，卻發現這些制度儘管有助於少數藝術工作者的生活保障，但官僚以及議會被捲入文化藝術後，只會造成藝術創作自由的被限制，這也是大牌藝術家普遍拒絕被照顧，只有小牌才勉強接受贊助的理由。

因此，西方的「國家」儘管在文化藝術上的贊助角色日增，有「文化國家化」之慮，但真正決定文化藝術創造的仍是「民間基金會——愈來愈增加的文化消費大眾——評論家」結合體。這個結合體延續著美學密碼、美學習慣以及文化的品質。

而這遂成了我們的擔憂，臺灣的文化藝術從來即缺乏良好的專業評論制度，又沒有足夠的大眾來支撐文化藝術，因而我們只得無可奈何地仰賴國家為贊助人，「文化藝術獎助條例」之所以獲得支持，所反映的即是這種無可奈何——政府的建築物添置藝術品總比不添置好，但我們擔心這種添置會造成私相授受、少數人包辦、甚至在違逆了美學原則的情況下胡亂採購，反而造成視覺汚染的惡果。對文化藝術，我們以一種「又想愛又怕受傷害」的心情看著它一步步走向「文化國家化」的方向。

文化藝術的終極是一個自由的領域，它必須由無數水準愈來愈高的大眾來支撐。讓大眾在美學之中成長，美學的基因也會因此而更加豐富，它被沈澱在社會記憶裏以及人們的潛意識裏，往後才會有更好的文化遺傳及演化基礎。以大眾來支援文化藝術是目前臺灣的希望，我們只能像「等待果陀」般的等待，在此之前，我們至少希望專業的文化藝術評論能夠及早出現，庶幾不使「文化國家化」變成一則笑譚！

一九九二、四、二十

文化秩序和評論家傳統

相當於「藝術部」的「美國國家藝術基金會」（NEA），大概是全美國中央機構裏最難討好的一個。前任主席福洛梅耶（John E. Frohnmayer）痛苦煎熬三年後，在九二年二月辭職獲准，新任主席為安妮蕾迪絲（Anne-Imelda Radice）的消息最近才被發表。她上臺的第一次開會就表示：「本機構是個廉價箭靶！」

政府主管文化藝術本來就注定了動輒得咎的命運，NEA前任會長由於補助過被宗教團體和極右派政客認為是「猥褻」的藝術，因而受到保守派參議員赫姆斯等強烈杯葛，並以拒絕撥款施壓，迫使福洛梅耶被掃地出門。然而，新任主席雖有前車之鑑而小心翼翼，但不到一個月就遭到嚴重的左右夾攻，這個基金會審查補助計畫，由文化藝術界人士組成的「顧問委員會」通過兩項涉及裸體的藝術展覽申請案，但安妮蕾迪絲為免國會保守派反彈，卻拒絕接受「顧問委員會」的決議，於是顧問們怒而罷審，鬧出軒然大波。這個實質的藝術部被保守的國會議員和開明的藝文界夾殺！

美國的藝術部確實一直是「廉價的箭靶」，在保守勢力及開明勢力間受到夾擊，美國國會一度揚言裁撤，最後被參議員貝爾等人緩頰才延長了壽命。著名作家杜克托洛(E. L. Doctorow)因而論說這種情況下，美國的文化將日益成爲「單一文化」！

不過，杜克托洛未免過慮，因爲美國的中央文化機構乃是弱勢機構，美國各種文化藝術所依憑的乃是超級資本家如福特家族、卡內基家族、梅農家族、洛克斐勒家族等所帶動的「文化資產階級」，從文化硬體開始，即由這些人出資——例如華府的「國家畫廊」即梅農當年出資一億四千萬美元所建，這些「文化資產階級」又有著不多不少的進步性，它們乃是美國文化秩序的上層，由於這是私人資本，遂能避免政客的干擾。

美國的「國家藝術基金會」左右爲難，具有強勢文化部的法國再強也強不過國會。稍早前密特朗總統氣勢旺盛，敦請建築大師貝聿銘在古典的凡爾賽宮門口建造「金字塔」，就受到嚴厲的抨擊，幸而被聲勢正隆的密特朗以及具有國際大名的貝聿銘「壓制」了下去。現在密特朗已滿十年，氣勢已衰，他企圖沿塞納河岸建一佔地十七英畝、耗資十五億美元的「國家圖書館」，遂立即引發政敵的新仇舊恨，被抨擊爲像拿破崙般的好大喜功——在政治行情下跌時，強勢的文化部只會招惹出強勢的反擊，它和美國一樣，文化已不可爲！

因此，當文化藝術事務，不論中央主管機關爲強勢或弱勢，基本上它就處於「不可爲」之情境，因基於西方的經驗和教訓，目前臺灣與匆匆的在搞文化部，又是聽證，又是座談，最好的建議可能是先潑它一盆冷水，以免今日過度的「膨風」到後來變成左右夾殺的困局——尤其是在這個文化藝術界西洋派、東洋派、中原派、本土派、客家派、原住民派……各幫各派一張嘴搶文化資源的時刻！臺灣是個文化異質度極高的地區，有限的文化資源怎够滿足無饜的要求？文化藝術已失了秩序，它不可能在文化部手中被建造起來，它的重建必須在民間社會之中。

文化是一種生活方式，一種意識型態結構，一種對文明的解釋方式，但在運作層次，它則是一種抽象的符號權力與資本，一種霸權和秩序。由於它也是霸權和秩序，因而它和任何其他領域相同，也有衝突、對立和緊張，當政府和民間的認知相似，兩者之間即會凝結出秩序，根據近代西方文化社會學的研究，我們已可理解到「評論家」即是這個「凝結中心」，「評論家傳統」是近代西方文化形成過程中居於「國家」和「民間社會」之間的中介。由於「評論家」居間創造文化秩序，因而他們當然有時候必須心狠。馬修阿諾德、歌德、席勒、萊維士，他們在創造文學秩序時即是在重新詮釋文學道統，此刪彼略，就是一種心狠。評論家是「守門人」，它是文化流向和品味的詮釋人及濾網。它必須專業但接近大眾，必須古典但卻向新潮開放。「評論人」由於創造秩序，它必須隨時準備辯護與作戰。西方的「評論家傳統」使得他們非僅地位卓著，而且必須學富五車，他們傳承著美學的價值。

由於各種文化的「獎」是這種文化秩序的重要環節，因而各種獎都必然內幕重重，評論家也必須爲太離譜的決定付出代價。舉例而言，八九和九〇年間，美國重要作家兼評論家羅勃・海爾布魯勒（Robert Heilbroner）召集評審「美國國家書獎」的非小說類獎，在一九〇冊書裏選出《從貝魯特到耶路撒冷》，離譜的給獎使得他飽受抨擊，最後自承「我只能花十分鐘閱讀每一本書，只看第一頁和最後一頁」！

西方的「評論家傳統」是個值得臺灣好好去研究並學習的傳統，他們由於守門，因而不能自外於大眾，因而使得西方的主流評論文體一直維繫在「平易但有學問」的這個境界——文化秩序不可能建立在孤芳自賞的知識分子「前衛情結」裏，這也是諸如倫敦《泰晤士報》、《紐約時報》、《紐約客》、《時代》雜誌、紐約《書評雜誌》等主流媒體上的影評、樂評、書評、建築評論、劇評、畫評爲什麼那麼專業，好看但卻又有「學問」的關鍵。負責的專業評論家不把前衛當主流，他們是「市場——觀眾」、「傳統——未來」、「國家——民間」對立兩端的中介。「評論家傳統」延伸的結果，美食會變成文化的一環，三〇年代的美食評論家艾爾普倫（Nelson Alpren）甚至是個蒐藏烹飪書籍多達一萬一千本的超級專家！美食文化都有這麼大的學問。

因此，面對臺灣文化秩序的重建，臺灣評論家和所有後進國知識分子一樣，喜歡視異端爲正統，將新潮前衛作爲主流，藉肯定這些來掩飾自己的落後，評論家的文字僻之不忍卒讀，以詭異爲學問，或者卽是評論與廣告不分，這樣的評論家乃是臺灣文化斷層的關鍵，也是文化秩序混亂的衆多原因之一。個人曾參加過許多次各種文化評審，最能體會臺灣這種「評論倫理」的缺乏，臺灣怎麼會有好的文化秩序！

一九九二、五、三十

港片・開機率・影視工業

春節檔的「東方不敗」之後，接著是「黃飛鴻」第二集，現在又是暑期檔的「鹿鼎記」，都是港片天下，港片誠如周潤發在一個電視廣告裏說的，「好看嘅！」

繼港片的掃沒臺灣市場之後，我們三臺由於拉拉扯扯、哭哭啼啼的連續劇已使得觀眾們乏味到懶得伸指頭按鈕打開電視機的程度，爲了提高「開機率」，三臺遂又準備推出港劇救急。由於此舉嚴重影響演員生計及表演機會，因而演員們的自力救濟遂開始蓄勢待發。我們的三臺竟然墮落到用港劇來提高「開機率」的程度，眞是慘啊！

這就是臺灣的影視文化工業，兩千萬人口的臺灣遠遠遜於只有六百萬人口的香港。香港早已成了「華人的好萊塢」，它以好萊塢式的電影語言塑造著華人共同的影視文化工業。

「東方不敗」這樣的電影是臺灣完全無能爲力的，它是武俠片的「終極警探」，充滿好看而又有創意的虛假和誇張，它是電影，不是舞臺劇。而就在這種創意的虛假與誇張裏，文化的地域差別被消除了。至於「黃飛鴻」這樣的電影，我們更不可能想像它出自臺灣之手。臺灣如果拍攝這樣的電影，官方一定橫施壓力，因爲這個電影裏的「反美」立場太過明顯，不利於中美雙方關係；國民黨也一定透過關係要求更動劇本，因爲革命先烈陸皓東在電影裏變成了儒弱無能的知識分子，這未免有損先烈形象。而孫中山先生堂堂國父，竟然只是一個武打片裏的配角，這簡直更不像話。至於電影裏的義和團則個個壞蛋，民族主義者怕也無法同意。「黃飛鴻」的故事純屬瞎掰，無一吻合史實，在臺灣可能從電影開拍起就各種考據的筆戰不斷。史實不是電影，根據史實而製作的電影一定枯燥乏味，它只是「有故事的紀錄片」。臺灣電影最值得頒獎的其實只有道具師——爲了一部民國五〇年代的電影，硬是找來一大堆當時的《今日世界》雜誌充當佈景道具！臺灣的影視工業，它眞正的傳統是「反影視」，因爲只有這樣才能解釋爲什麼民國五、六〇年代獨擅華人市場的臺灣，它的影片及連續劇可以遠銷星、港等地，但等到星、港本身影視工業出現後，臺灣卽完全讓位的關鍵！臺灣電影電視可以發動同道們搞多媒體宣傳，然而「氣勢」終究需要「實質」來作支撐。在臺灣三臺已淪落到要用過氣的港劇來提高「開機率」的程度，應該也到了本地影視文化工業徹底自省的時候。

一種媒介、一種特定的語言及思考方式，是不斷創造換新的。當小說那種寫實傳統漸漸乏味且無法容納更多想像空間時，美國作家厄普戴克（John Updike）就說：「當我覺得讓我故事裏的主角應該飛上天才更好的時候，爲什麼不能讓他飛起來？」不獨小說如此，一切藝術形式亦莫不如此。但不幸的卻是臺灣的影視文化工業，它數十年來卻總是在兩個傳統裏打轉；一個是中國特定的以講話的語言爲中心的雜劇傳統，另一則是假性的寫實人文主義傳統，而經常又是這兩者配成了對。

中國的宋明雜劇總是在講話，而且是反反覆覆的講著同樣的話。它是農業時代慢調社會的藝術形式——一對男女的姻緣要陰錯陽差十次以上才能共偕連理，一件事總要彎彎曲曲折騰許久才告清楚。陰錯陽差以及各種彎彎曲曲的折騰，它都是講話的喋喋不休空間。語言是中國戲劇的冗贅崇拜，甚至語言還變成了一種實在。宋明雜劇的語言崇拜好歹還是韻文，音調鏗鏘，而繼承它的白話文電影電視連音韻也告消失。於是，臺灣的電視連續劇遂只剩下不斷的講話、不斷的哭泣、不斷的藉陰差陽錯來打發時間。瑣碎的扯淡是臺灣電視劇的最大特色，臺灣觀眾寧願關掉電視機，實在是英明的抉擇。而不幸的只是，語言的冗贅崇拜卻因此而流傳下來，它穿透到我們的電影工業之中——臺灣的電影也總是話太多。電影的畫面本身就是語言的一部分，畫面可以講的話就不必再用嘴來說。而臺灣的電影卻總是多了一張導演或編劇的嘴。而所有的人去看電影，畢竟不是去聽那張嘴講話的。

臺灣是個「非電影」或「非電視劇」的地區，講話崇拜症使得俗民大眾視國片及自製連續劇爲畏途。冗贅的講話，冗贅的寫實人文習性，使得臺灣的電影電視大概只適合極少數人的族羣觀看——電視劇適合閒著也是閒著的阿公阿婆，而那些被圈內人歌頌的電影則只適合極少數臺灣本地的鄉愁知識分子，它缺乏更寬廣的眞正人文關懷。在鄉愁影視文化人和阿公阿婆這兩個少數族羣之間是眞正可以支撐出一個文化國度的文化消費人口，他們是港片、港劇、日本動畫的堅強支持者。

在卽將進入二十一世紀的現在，電影電視早已取代一切藝術形式而成爲最具指標意義的文化形式。臺灣的電影電視文化工業落後冗贅，其實已眞正顯示出臺灣極化的文化現象——在一個具有極化文化現象的地方，它的文化產品總是在惡劣的極端間擺盪，但卻就是不會擺到一個眞正的中間點。這時候，當觀眾說：「幹，是在扮什麼？」的時候，恐怕我們已不能用傳統「陽春白雪，下里巴人」那一套邏輯來看問題。民主社會裏，觀眾搶著看「東方不敗」、「黃飛鴻」、「鹿鼎記」，甚至日本動畫等具有文化「普遍主義」的產品，恐怕倒是觀眾對的成分居多——臺灣觀眾是蠻有程度的！而眞正有問題的倒是影視文化工業的那些小圈子裏的人物。

一九九二、六、三十

鄧雨賢・民歌・紅太陽

在遺傳學上，物種的創新與豐富，所依靠的乃是基因的不斷變異、配交、重組；由於基因牽涉到物種的延續，因而近年來這個問題早已由生物學的領域被提昇到國際政治論壇，物種的保存、各類基因的永續，卽是不久前「地球高峰會」的主要課題。物種的進化發展，許多在未來可能有助於人類免除重大疾病災難的藥物，都潛存在我們迄今仍然未知的基因中。同樣的道理，人類各種文化種類，如文學、音樂、繪畫、舞蹈等等，當它們的基因減少或消失，也就意味著創造可能性的減少。就以音樂爲例，當今電腦作曲這個領域就借用了遺傳學上的概念——作曲者在程式操作下，可以輸入各種樂段或樂音，而和其他的樂段等作出毫無縫隙的重新組合，這是「創造性的再生」(Creative Recycling)，它已由人腦改爲電腦的代操作，但仍是基因重組後的創作。將音樂作生物學上的類比，其實非常吻合音樂發展和音樂社會學上的原理原則。就以西方古典音樂來說，在它悠長的發展過程中，不論曲式、音階、旋律、節奏，不都是持續的將浪漫的義大利牧歌、花俏的法蘭西旋律、哀傷的吉卜賽音階旋律、沉鬱的北歐風情、深刻的俄羅斯民謠，甚至中國、印度、阿拉伯、印尼等音樂元素納入再生？也正是因爲這樣的再生，人類共同聽覺的審美範圍與審美經驗才能夠日益寬廣豐富。

而這也是民歌之所以値得珍視之處，一切的民歌都是音樂的基因庫。民歌是無羈的民間音樂。芝加哥大學音樂理論家梅爾（Leonard B. Meyer）就曾指出，民歌的無羈乃是它可以在各種不同嘗試中無畏於美學經驗的創造性偏離，而鍾煉成「簡單卻深邃」的關鍵。由於民歌是創造的動力來源。因而每當音樂的形式與內容之間出現緊張，音樂與審美經驗的期待出現落差，或者情感內容已無法再被既有的形式負載，就都會從民歌中尋找新的因素，而民歌也總提得出新的因素。就以近代的搖滾爲例，它就是由黑人音樂一路遞嬗而來。古代和當代許多音樂家如巴爾托克、舒伯特，甚至前衛的荀柏格都有過肯定民歌至高地位的證言，已無須一一引述。

由於民歌的無上地位，因而最近臺灣舉辦的「鄧雨賢作品音樂會」，以及大陸從去年十二月開始，至今年造成熱門話題的「紅太陽——毛澤東頌歌新節奏聯唱」，這兩個事件分別發生在兩地，表面似不相干，其均爲民歌則一。這兩個事件的共同意義是，人們對政治經濟等事務應開通而勇於改革，但文化事務和音樂等，卻必須自立腳處看起，但這並非只是抱殘守闕。民歌作爲基因狀態時並無價值，它的價值在於後繼者以它爲基礎而作的「創造性的再生」。

在此，我們可以先就中國大陸的「紅太陽熱」加以分析——它是中國大陸突然出現的，對以往歌頌毛澤東歌曲的熱潮，一卷將若干首這種歌曲收錄，但卻以搖滾唱法灌錄的錄音帶竟然賣到千萬卷以上。對於這種「紅太陽熱現象」，西方媒體紛紛以非音樂性的「鬪爭論」加以解釋，認爲這是毛派或保守勢力向鄧小平改革路線所作的挑戰云云，這種將音樂現象作政治化解釋的說法確實離譜。因爲它其實只不過是中國大陸「民歌熱」的一種表現，另外則是一種鄉愁。

中國大陸有一種獨特的歌謠形式——「頌歌」，主要是對毛澤東、解放軍、周恩來的歌頌，另外則是將毛澤東的詩詞歌謠化。這些歌謠的歌詞肉麻，但旋律卻完全採自民歌——若我們能對一九四九年以降中國大陸的音樂有所理解，或許卽可發現它的音樂發展始終以民族風格作爲基調而持續著，並進行各種「創造性的再生」。在「頌歌」項下則以民歌爲基調，有人以蘇州彈詞譜毛澤東的〈蝶戀花〉詞，有人以湖南民歌〈瀏陽河〉譜毛頌歌，有人以陝北爲主流，變化出一百餘種調式的民謠「信天游」譜歌，其他的西藏、雲南少數民族的民歌，海南民謠也都被廣泛應用。

從這種頌歌的民謠化，到今天民謠化的頌歌被搖滾化，從音樂文化的角度而言，它所代表的更貞實意含，毋寧是它乃是中國大陸音樂工作者意圖將民歌帶進通俗流行歌曲中的一種嘗試——稍早前崔健的「一無所有」流行搖滾即脫胎於陝北民歌。這樣的論點，在大陸半專業的音樂雜誌《歌曲月刊》上有過探討。將民歌視為一切樂種的母體，這似乎比較符合中國大陸對待音樂的邏輯。

因此，對民歌一向不知顧惜的臺灣，能夠為已故鄧雨賢舉辦紀念音樂會，儘管這場音樂會的現場及前前後後的周邊論述充斥著許多奇怪的「非音樂性因素」，後人的夾纏造成一些不必要的污染，然而，這至少已是一種儀式，對臺灣民歌的重新肯定——已故的鄧氏的確是少見的民族音樂執著者，它能在日據時期以民謠為基調來譜寫歌謠，儘管這種傳統被中斷，民歌卻不可能永遠被中斷。

民歌在民間永遠傳唱，所有的民歌都有固定的軌跡，它從簡單的調式開始，被大大小小的歌手及天生的音樂匿名工作者編排組合，即興加花和改變，而後被更大的天才整理譜創，而成為音樂大海裏一個個珍貴的基因，等待著被更後面的創作者做更龐大的整合，正因它是基因，它可以發展為任何一個樂種——從大型的樂團音樂，到大眾化的流行、搖滾、RAP

樂。因此，鄧雨賢的音樂會，如果只是被視爲一個非音樂性的祭典儀式，或者意圖把鄧氏改編爲「新臺灣人」，那麼我們就眞的因爲這些夾纏而愧對前賢。而如何繼續鄧氏那一輩人所走的，而且是永遠不可能走完的道路，或許才更加重要。近年來的臺灣，早已處於「論述太多」、「創作太少」的新窘境，像鄧雨賢這輩拼命創作的人物，或許才是我們在紀念之後更該心嚮往之的一個側面！

一九九二、七、三十一

節慶・狂歡消費・民間文化

「嘉年華會」、「狂歡節」、「民間節慶」，都是民間文化的重要形式之一。它們是古代民俗的遺跡，具有放縱、狂歡，讓一切拘謹的禮法暫時凍結的特質。因而思想家巴赫金(Mikhail Bakhtin)遂說：「民間狂歡時刻，使得原有的層級關係，不論是概念上的或實體的，都被短暫的凍結；它並創造出一種日常生活中原來不可能的特殊溝通方式。它產生了一種獨特的集市語言和姿勢，素樸自由，彼此的接觸了無距離。它使得人們自繁文縟節及拘謹的法度中解放。」

不過，民間的節慶狂歡固然具有使人產生「社區團結」、短暫性的解放等作用，但法國學者吉哈德(René Girard)也指出過，節慶狂歡同時也具有「模仿性暴力」的潛在因素。也正因此，這些從早期農業社會與宗教崇拜中派生出來的活動，在過去兩三百年間，遂總是被視爲違逆現代理性文明的落伍文化。從啟蒙時代以來，所有國家在從事現代化的「系統整合」時都無不企圖將其消除。基督新教國家以「工作倫理」和「生產邏輯」爲中心所從事的價值重建，即特別突出節慾、自制和秩序等新的規範。古老的民間節慶狂歡，要不是被明令禁止取締，就是被嚴格的區隔化，或者就是在被新教倫理穿透之後被誘變爲純然的儀式行爲。

因此，起源於「農神祭」、「酒神祭」，或類似的迎神祭典而來的狂歡節慶，有著複雜的兩面性：

㈠積極面：節慶狂歡是一種具有特殊溝通意義的行動，自由無羈，可以凝聚「社區意識」、創造社會團結；此外，節慶狂歡也是大型俗民文化活動，生活傳統在這裏被延續，日常文化在這裏被塑造和累積。而尤其重要的是民間節慶狂歡經常存在著「文化的烏托邦因素」，節慶狂歡的無羈絆使正常世界的秩序被暫時解除或顛倒，這種暫時性的解除與顛倒本身就已是一種批判——因爲它向人們提示，除了現在這種生活樣態之外還可以有另一種不同的期待。

㈡消極面：節慶狂歡是一種放縱，它介於疏狂與狂暴的中間，經常會不小心的跨過兩者之間的分界道。其次，節慶狂歡活動中存在著富饒的形式與意義，它必須被不斷翻新，節慶狂歡的意義設若脫落，它就會因爲時空的誤置而造成「準異國情調化」——而「準異國情調」當然也沒有什麼不好，但這樣的節慶狂歡卻已實質上被誘變爲一種「觀賞」的活動，而節慶狂歡的「被觀賞化」正是巴赫金所說的：節慶狂歡的意義已被摧毀！

而民間節慶的這種兩面性問題，目前似乎已逐漸在臺灣出現，陰曆七月中元節的節慶狂歡活動即是例證——這種活動正站在「被準異國情調化」和「再創造再詮釋」之間！

從日治時期開始，臺灣就和十七世紀新教英格蘭相仿，在現代化合理性的價値觀主導下將民俗文化「去合法化」。而這種持續了半個世紀以上的現象卻在近年以來隨著本土化程度的加強而告丕變，「各種媽祖繞境、建醮拜拜、佛誕祭典等等都告盛行，鹽水蜂炮、頭城搶孤、基隆水燈、北港媽祖這幾個項目更成了「境內觀光」的最愛。這些動輒吸引了數十萬人的項目，在現代新聞媒體的炮製下，早已變成都市中產階級和知識分子原罪式的鄉愁，也是新的狂歡消費，它們同時還携帶了一點類似異國的風情，向國人召喚。

在這些節慶狂歡中，解釋死亡和生後世界的中元普渡活動無疑的最有興味——它是每一個社會都具有的高度意象意義的對於死亡的詮釋方法。中元普渡的節慶習俗裏，藏匿著人們對待鬼神的態度、人們對待生後世界等素樸的形上宗教。它是俗民信仰的核心之一，沒有一個社會不把這種死亡祭典視爲主要的節慶活動。在這種死亡節慶裏，人們爲活著的自己作了定位與定義，它鋪陳出俗民大眾的倫理世界，這個倫理世界也還是一個民藝世界——人們對待死亡和生後世界的態度決定了他們設定鬼神造型的原則和鬼神的角色扮演。今日人們對中元普渡的種種節慶習俗，脫胎於從前的文化累積，它有對死亡的恐懼、對死者的憐憫、生者對自己的欣慰等倫理元素，並藉著中元普渡的普遍參與而型塑著生者的世界。

因此，中元普渡的民間節慶活動中，有些地方如頭城搶孤等，它已逐漸蛻變爲一種觀賞式的「境內觀光」活動，鬧熱滾滾；而有些地方如臺北縣，則有許多藝術工作者和社會工作者介入，嘗試重新爲這種節慶狂歡活動等尋找新的維度和意義，兩種極端，前者是既有習俗隨著社會經濟的發展而自然的走向表演與觀賞的方向，一如鹽水蜂炮愈放愈豪華、愈大粒。在熱鬧的外貌之下，更難掩飾的是它日益空疏的形式以及與民間節慶狂歡再生性的遠颺不見。它可以作爲一種滿足都市中產階級鄉愁的「觀光資源」，一如「九族文化村」的觀光性，但已不再是民間自然生長的節慶活動。

在這樣的意義下，臺北縣的中元普渡活動儘管仁智之見甚多，也吵吵嚷嚷的招致許多無謂的轇轕，然而它至少已淸楚的透露出一種爲中元普渡重作定義的企圖，並在這樣的定義中重新拓展民間信仰習俗可以擴大的關心範圍，例如人與週遭的環境像淡水河等。當然仍然有待努力的是可以去重新定義生者與死者之間的關係——畢竟我們今日習以爲常的生死關係以及由此而推展出來的倫理世界仍是農業時代的遺跡，它已經可以透過諸如節慶、祭典，以及其他民藝活動的方式而改變。

臺灣的節慶活動與其他許多領域相同，都站在消費化和外在化，以及再生長的分界線上，因此，我們需要好的「節慶狂歡的經理人」！

一九九二、八、三十一

音樂會・性・封建

初期搖滾在經過約翰藍儂、鮑伯迪倫、摩理森這些狂野的一代之後，開始被「音樂工業」快速收編，它原來的抗議精神被磨蝕，藍儂和鮑伯迪倫歌詞裏的社會內容，以及摩理森奇幻之美尤勝於詩的歌詞當然也消逝無蹤。被「音樂工業」收編後的搖滾，成了西方「泛性」大眾文化的核心成分。這樣的文化具有「嬰兒化」、索乳式的性倒錯的特徵。

這時候，它的歌詞已不再具有意義。加州大學洛杉磯分校做過實證的研究，初中生聽懂歌詞的不到三〇%，高中生不到四〇%，大學生則只有五〇%。音樂演唱會不再具有以往那種 teach-in 的意義，而變成了新的狂歡祭壇，它是新的凡俗文化，「普遍、未經洗濯、朝生暮死，而且野蠻化」。美國文化學者崔奇爾（James B. Twitchell）即指出：這種文化也就是民主的戰利品，「十九世紀的文化菁英威脅著要驅逐庸俗，現在則是庸俗文化威脅著要驅逐菁英。西方甚或世界文化的重心已掉了下來，我們已快速的抵達一個新的轉捩點，高低文化之間已失去了邊界，文化的守門人已找不到門的所在。」在這種狂歡式的文化型態裏，貝多芬的「歡樂頌」變成球賽進場時的前奏，莫札特的音樂則成了電梯間常聽到的旋律，莎士比亞的句子會巧妙地出現在廣告上，達文西的素描卻變成了圖案。如此的庸俗與支離破碎，「但庸俗卻有著巨大的威力，因爲它將非常簡單的觀念弄得非常嚴肅，它人人可以接近，又無限容忍，超級廉價，極易適應」，它已勢必將獲得終極的勝利。

這種狂歡式的祭典文化，歌手變成了乩童，挑唆著人們的生物本能。於是，近年來，諸如 2 Live Crew 合唱團，歌手 Milli Vanilli、Judas Priest 團等均相繼因爲猥褻和教唆他人自殺等罪名被控，但終極似乎也都罪名未曾成立。狂歡式的演唱會已成了民主大眾傳播時代的固定文化型態。一切的挫折和生活的厭倦，都在演唱的祭壇上可以得到宣洩。歌迷高舉雙手的歡呼一如街頭運動——不同的只是這個街頭已被轉化成了歌唱的秀場而已。

而這種民主的搖滾文化，今天的臺灣終於開了見識。第一個來臺演唱的重金屬樂團「史奇洛」，它的主唱歌手塞巴斯丁「F字眼」不斷，手撫器官，以及露出半截臀部的姿態也都大大的秀了出來，歌迷們亢奮的怪叫，泛性文化的重金屬搖滾展露了它的本質與魄力。整個演唱會罐頭四飛、解放過度的人跳躍串走，儘管怵目驚心，但若與西方演唱會那種更加徹底的狂歡，以及伴隨著狂歡而來的暴力相比，臺灣已算太溫和內斂的地區——而一向上進的臺灣，想必不久之後也會進步到和西方的情況相同的地步。

這就是晚期資本主義體制下隨著大衆民主而產生的泛性商品音樂的特性。西方從中古以來，藉著神權而被集中起來的音樂論述已告解體，「品味」的欺妄已不能持續，企圖藉著音樂周邊的「非音樂因素」和高貴的廳院、正經八百的服裝、虛假但卻高貴的談吐應酬，作爲營造「文化霸權」的策略，當然也就不如往昔那般有力。這裏是商品泛性文化的極端，而在另一邊則是將音樂會當作身分教化的秀場的第五次總統府音樂會，一個在東區，一個在西區，倒眞是絕妙的一場配對。而據內幕人士的透露，這種高度教化性的音樂政治遊戲，一如臺灣其他的政治遊戲，籌備期間就這個樂團和那個樂團相爭，都以「御前演奏」爲樂者的殊榮，一如畫者開畫展能獲御覽爲提高身分及價位的資本。封建時代的文化判別標準，在今日的臺灣，居然仍有如此鉅大的威力！

泛性化、泛商品化的熱門音樂，或許有它可以被批判之處，但與之相比，泛「御」化的所謂「高文化」，當它以「御」字作爲爭逐鑑定的標準，這時候「高文化」的「高」字在藝術標準上也就變成了一個髒字眼。據說，早年的「省交」奉達官貴人之召，在中山堂高級宴會演奏，曾有人認爲有失藝術工作者的尊嚴而予峻拒，這是長者風骨，讓人想到後期海頓的典範；而到了今天，我們年輕一輩的藝術工作者卻栖栖皇皇的施壓爭逐於御前，使用「墮落」或許言重，但如此熱衷名利，這樣的藝術工作者更好的選擇或許是趕快登記參加立委選舉。藝術和文化的本質是自由，政治性因素或有短線的行情促進之效，但我們似乎不能忘了傅聰、馬友友、趙無極等等，他們的藝術地位可是和任何一家的「御」字都沒有絲毫瓜葛！這正如同如果我們算一算文學史的總帳單，全部諾貝爾文學獎得主的總貢獻，絕對抵不上那些未曾獲獎者的貢獻。

由音樂演奏及演唱會的兩種例證，其實正具體而微的顯露出了當前臺灣的總體文化景觀：

在一方面，我們仍保留著高度封建的遺緒，甚至有於今尤烈之慮。大量的政治性因素和政治考慮被置於文化美學思維之上。文化是種權術，是種策略，或者就是被視為一種資源、一種通往成功的門徑，卻未被視為一種「自為的專業與紀律」。

而在另一方面，那種極度泛性化、泛商品化的文化商品已開始以更有威勢的姿態降臨，這種型態的文化將瓦解前者，它無法被抵擋，但若我們有自為的文化紀律，它卻可以被轉化，但它被轉化的契機何在？

一九九二、九、三十

卡拉揚・小澤征爾・藝術祭

九二年的沙爾斯堡藝術祭已經結束，不再只是莫札特、貝多芬、哥德、理察史特勞斯，也不再是「維也納愛樂」和「柏林愛樂」，換上的是四月才去世的法國作曲家梅湘（Olivier Messiaen）的歌劇「聖法蘭西斯的阿希西」，年輕的「歐洲室內管弦樂團」、「洛杉磯愛樂」、「克里夫蘭交響樂團」、「伯明罕管弦樂團」……等。劇目曲目、樂團和指揮都已改變。卡拉揚的時代業已終結，德奧音樂霸權開始改變。當然，許多人士也藉著這個機會對一代指揮家卡拉揚展開身後的惡評——卡拉揚已於一九八九年逝世。

其實卡拉揚當不起這樣的惡評。任何人只要讀過英國樂評家奧斯朋（Richard Osborne）所寫，牛津大學出版的《卡拉揚訪談錄》，不可能不爲這位一代大師的敬業與專注所感動。卡拉揚的指揮與詮釋風格有爭論，他對前輩指揮家馮特萬格勒（Wilhelm Furtwängler）完全的不公平（但這種不公平早已被更年輕一輩的普列文和巴倫波因洗刷），他是音樂上的保守主義，他主控沙爾斯堡藝術祭的數十年裏幾乎很少嘗試鼓勵新的音樂，在十九世紀時，音樂活動從不忽略當代的作品，而他卻重古而忽今，眞正可爭論的也正是這一點，根據當代學者如薩依（Edward Said）、史登堡（Michael P. Steinberg）、沙墨費爾德（Penny Summerfield）等人的歷史及社會學研究，我們已可知道近代所謂的「藝術祭」，本質上乃是民族國家興起後所產生的一種藝術活動。沙爾斯堡藝術祭設定之目的，即是「要幫助建造一座聖杯山，爲了眞正最道地及偉大的藝術，而在此同時，也使人們能重建奧地利」，奧地利建造文化自我認同的藝術祭，到了卡拉揚手中，他以自己超級的活動力，結合了代表德奧音樂工業核心的DGG唱片公司，創造出了戰後迄今的德奧音樂霸權，而有了霸權，當然也就妨礙了它的多元價值之確立。在這個意義上，九二年沙爾斯堡藝術祭完全走出了卡拉揚的陰影，肯定英、美、法、北歐的當代成績，這不能不說是重要的歷史轉捩。

由卡拉揚霸權的衰退，就必須提到他得意弟子——一九七三年起任「波士頓音樂團」指揮的小澤征爾。他於九二年九月起在日本的松本縣推展出紀念日本西方音樂先驅的「齋藤紀念祭」，小澤征爾所辦紀念祭不是要建造文化認同，而是要建造全方位音樂文化的民族自信。

目前已非十九世紀，各民族之音樂有等差之說已不再盛行，許多國家具有獨特表現力的樂器和音樂風格也陸續走向世界—固有的藉大師品題，例如晚年的小提琴大師曼紐因癡迷印度音樂，尤其是印度琴，長笛大師朗帕爾用心於東方笛藝；有的則被西方作曲家注意，如史庫索普（Peter Sculthor-pe）及哈里遜（Lou Harrison）等運用印尼甘美朗樂風。但是被「帶」出來的音樂固然有助於自信，卻怕曇花一現。日本的所爲則是恆久的進入音樂論述的結構，只在結構中才能心安。

非西方民族與西方交會，不是一種愉快的經驗，音樂亦然。固有音樂會在不均等的論述關係下失去正當性，各種假問題因而出現，「外來—固有」和「優—劣」的兩極結構結合而成新的「問題意識」，長年從事著非建設性的爭嚷。這種爭執只造成彼此的涸竭，但只要付出眞正的努力，這些「假問題」就會自動溶消。對此，「松本縣音樂祭」兩個主角的經驗可資證明。

現任「波士頓交響樂團」指揮的小澤征爾，戰後出國，六〇年代初學成返日出任「NHK交響樂團」客席，那是個日本人拒聽日本人演奏西洋音樂，認爲它一定比較差的時代，日本西洋音樂工作者，也敵視留學返國者。小澤征爾的客席變成一場災難—某次演奏會被同仁私自取消，不知情的他到場後發現空無一人，被放了「鴿子」的小澤一怒去國並在異國成名。但他心懷祖國，八四年組成「齋藤紀念管弦樂團」，百名左右的團員均爲日人，每年集合二至四週，四〇%團員均已在歐美樂團專職。它在歐美各地演出，獲得肯定，九一年卡耐基音樂廳的落成百年紀念祭就由「齋藤紀念管弦樂團」開場。「齋藤」的成功是日本人能力的被肯定，於是小澤征爾遂於九二年在松本縣開始首次音樂祭。日本九〇年時在伯恩斯坦協助下有了「札東太平洋祭」，但它在文化上的意義卻遠低於「松本縣音樂祭」——它的目標是要辦成類似於「沙爾斯堡音樂祭」的程度，並將逐漸增加日本作曲家的作品比重，期望能對這個世界做出既是日本又是國際的貢獻。松本縣音樂祭的開場曲目，就是日本作曲家武滿徹特地創作的「秋之頌」。

而當代在西方最享盛譽的武滿徹，無疑是另一中心。他是土法煉鋼並喜好詩、畫、電影以及爵士搖滾的作曲家。六〇年代之前像許多非西方作曲家一樣的崇拜「前衛」，留下許多具有德步西和梅湘風格的鋼琴曲，甚至更古怪的作品。一九六二年後他返回日本的傳統——他的父親通「尺八」，他自己則在戰後日本人不彈琵琶的時候學五絃日本琵琶。他不只是「日西結合」或「簡單的用西洋樂器詮釋日本音樂」，而是進行了一種新的重組，甚至連記譜法都被改變了。他為「紐約愛樂」一二五週年所寫的「琵琶尺八協奏曲」、為法國大革命兩百年「巴黎秋祭」所寫的「秋意中提琴協奏曲」都是例證。對於無能力者，「西洋——固有」、「精英——大眾」是對立的關係，對於有能力的人，對立原來只是個「假問題」，彼此之間其實是可以相互豐富的池塘。

不只是音樂，一切藝術表現形式或文化形式，面對外來而不可逃避的衝擊，人們當然有權退縮，堅持自己的形式和語法，在退縮中獲得自己覺得快樂的虛像。但退縮並且是形式上的退縮，這其實已是一種溝通的拒絕，它傷害到的是內容與理解，並且不可能得到快慰。對於歷史給定的命運，不去逃避，反而是比別人更加努力的去克服並超越，或許這才是更好的勇者。

從德奧音樂霸權的不再持續，到小澤征爾令人感佩的努力，也很自然的就讓人想到九二年諾貝爾文學獎得主瓦科特——他不像許多第三世界國家憤怒的作家堅持以母語創作，而是以更大的努力將母語穿透英語並重塑英語，瓦科特沒有失去什麼，反而是豐富了人類共同的文化資產。這又使人想到另一位同樣處境的諾貝爾文學獎得主，愛爾蘭詩人葉慈在《日記斷篇》裏的一段：「保存那些存在著的、並幫助我們分成英語愛爾蘭及蓋爾特語愛爾蘭的這兩個愛爾蘭，讓它們聯結，庶幾它們的任何一個才不至於驕傲！」葉慈所作的努力，其實只剩下了一個驕傲，那就是共同愛爾蘭的驕傲。

小澤征爾的努力可佩，往後的日本將逐漸的不再只是被動的像趕集般聆聽西方樂團，而會主動的去介入創造，日本作曲者會受到鼓勵。小澤征爾爲非西方國家創造出了一種有益於自信心提高的藝術祭形態。它不是卡拉揚那種霸權式的藝術祭，而是溝通與創造的新型態。

於是，就想到了臺灣，全世界各種著名樂團、歌舞伎大師、舞團、個別單項表演藝術家雲集，有如超級饗宴。在臺灣，具有「金耳朵」品味的「金眼睛」品味的欣賞者是有福的，但更值得關心的是創作。最近陳必先女士公開接受臺灣作曲家的作品，願意推薦；而作曲家馬水龍先生也呼籲臺灣演奏者應多演奏本地的作品，當我們自己都漠視甚或輕視自己，我們就不可能得到別人的肯定。本地作品或許仍不成熟，但我們不能沒有期望以及爲了達到期望而作的努力，而這部分，我們的藝術祭或整個體制仍然努力得不够。

一九九二、十、三十一

犀牛角・飲食・文化匱乏

一九八八年，南韓舉辦奧運，韓國人嗜吃狗肉，奧運之前韓國政府三令五申，希望狗肉店暫停營業，但卻無效，於是隨著奧運的開始，西方媒體遂大登特登韓國狗肉店的新聞，成了當年世界保護動物權運動的大事。

一九九〇年，世界保護野生動物運動找到的是香港，香港是全球最大的象牙集散地，整個的象牙倉庫都被找了出來，剎那之間，香港變成了「大象終結者」。

而一九九二年，獲得青睞的卻是臺灣，犀牛角的風波不但鬧翻了天，甚至更鬧成了國際上的大新聞，臺灣變成了「犀牛終結者」。爲了面對國際保護野生動物運動的壓力，臺灣卯足全力查緝犀牛角和犀牛角粉，然而犀牛角的問題並非突發事故，而是一種傳統久遠的文化現象，所有的文化現象都不可能藉取締來消除，這一輪取締我們懷疑它到底能搖動幾分「犀牛角文化」的大海，當然更不必說另外幾個類似的虎骨、熊肝、豹膽、獅鞭等問題了。

從犀牛角到虎鞭熊肝，都是一種廣義「飲食文化」的環節——它包括了日常飲食以及獨特的藥膳食補等。人類的飲食並非饑餓了就吃東西那麼單純，飲食其實是一種文化，法國思想家羅蘭巴特就說過：「飲食是一種溝通系統，一組影像，一組包括使用、處境和行爲的符號。」美國著名的女人類學家瑪莉道格拉斯更指出：飲食是一組自然的符號與秩序體系，人在吃甚麼的時候定義了世界，人們同時也就被他所吃的東西所定義。

中國人的飲食文化的確悠久宏大，《山海經》裏開始吃穿山甲，《神農本草經》裏就有了狗鞭、熊膽、犀角、麝香。在周朝的時候已有「八珍」，其中就有「炮豚」（整隻豬烤完擡上桌）和狗肝兩項。中國人的這一種飲食與藥膳文化有兩大特性：

㈠它具有人類共通的「吃甚麼補甚麼」（you are what you eat）的特性。英國當代飲食社會學家費德斯（Nick Fiddes）在新書《肉類——一種自然符號》裏就指出，「吃甚麼有益於甚麼」乃是人類飲食活動的通性，西方人好吃帶血的「紅肉」，就具有強壯血氣筋肉的符號作用，如同印地安人好吃鹿肉，認爲鹿肉有助於輕捷強健，吃豬牛則粗壯愚蠢。然而，不同的卻是中國人的這種「吃甚麼補甚麼」卻比一切其他民族走得更極端且長久。

㈡這種飲食藥膳及補身文化，明顯的可以看出它與其他民族相同，也是稀有的宮廷或貴族文化之一。在西方，羅馬帝國的宮廷飲食窮奢極侈，喀里古拉皇帝（西元一二至四一年）即有過一天之內宰殺四十頭熊的驚人紀錄。古代歐洲貴族吃百靈鳥，各種奇禽異獸之事也所在多有。除了吃以外，這種奢侈文化甚至被延長到毛皮上，獅虎水獺等被大量宰殺。然而，不同的卻是西方的豪奢明顯的是飲食狂歡，而中國人的豪奢則普遍和男人的性享樂主義相連，或者「培元固本」，其甚者配之入藥。

不過，儘管西方與東方相同，飲食文化的基本符號並無本質上的差異，但由漫長的飲食歷史來加以觀察，費德斯教授卻指出了許多發展的方向，它包括：從猶太教到回教，人們對替人類服勞役的各種動物，自啓蒙時代以來即不再當作食物。

從十九世紀以降，由於都市化程度加深，人與動物的自然關係脫離，由於距離增大，反而滋生出人們對各種動物的情愫，各類動物成了寵物而非食物。西方自一九八〇年代開始，食肉的數量開始減少，雞肉取代牛肉而成爲第一，肉類消費已愈來愈無法容忍它活宰後的形狀，改成肉塊肉末。素食人口快速成長，就以英國爲例，大戰時期僅〇・二五％，一九九〇年已增至一〇％。

西方飲食文化的改變，本質上乃是一種世界觀的改變——以往那種「天生萬物皆爲人用」的觀念趨向溶解，人類爲了自己而宰殺各種活物的傳統也逐漸失寵，基於這種傳統而編織出來的飲食神話，如「動物蛋白質至上主義」、「動物荷爾蒙主義」等當然也就成了「野蠻」的新代名詞。英國人熱烈的抨擊臺灣是「犀牛終結者」，只有放在這樣的背景下才可能被理解，這比起西方皮毛店經常被打得稀里花拉已算溫和太多了。

而西方的這種改變，如果更深刻的去尋找它的源頭，我們或許可以發現到它並非自然發生的，而是三、四百年來無數思想人物共同努力的結果，除了笛卡爾說過動物沒有靈魂、食之可也的例外話，近代思想人物從達文西、斯賓諾莎、盧騷、邊沁、利蘭伯納、洛克等無一不把飲食和對動物的殘忍相連起來作倫理學的討論和呼籲，希臘時代的傳記家普魯塔克(Plutarch)的名言是一切的基調：「讓我們吃肉，只為了饑餓，但卻不是為了口腹之慾，讓我們殺生，但請同時充滿了抱歉與憐憫之心，亦勿殘忍。」

因此，我們可以說西方是個有自覺的社會，這種倫理上的自覺，使得原來只被皇室貴族等少數人享用的飲食與野蠻權力，不會在社會更進步富裕之後擴大。但在臺灣卻完全相反，以前只有極少人買得起犀角、獅虎鹿鞭、熊膽熊掌，現在我們富裕了，於是就大家一起來享用，臺灣是個少有的缺乏倫理性自覺的社會，於是只好在外國壓力下每次都狼狽的臨時抱佛腳！

臺灣的中藥店，犀角、鞭類、肝膽等充斥，這只是一小部分。有人吃天鵝、孔雀，有人吃過紅龍和娃娃魚，據說，現在主流的高級食物是大興安嶺剩不到幾隻的駝熊和猙（據說猙鼻是道美味），以及山海關之外的哈士蟆（據說牠是男性高級補品，提煉出的哈士蟆油貴過白金）。英國的費德斯教授說：「飲食不只是維繫人們的身體，它同時也養著我們的靈魂。」

當全世界各種稀奇古怪的動物都進到我們胃裏時，我們會變成甚麼樣的人種？

一九九二、十二、一

文化・拜物・救贖

一九九二是文化年，一九九三則被訂為電影年，由於電影也是藝術，九三延續著九二，臺灣以文化作為標誌與期待的日子也就注定了仍將持續下去。

不容懷疑，九二是文化上多采多姿的年份，立法院三讀「文化藝術獎助條例」，兩岸文化交流已告建制化，文建會草擬〈文化建設長期展望〉，國際表演藝術團體亦絡繹於途，更不必說甚麼總統府音樂會，新聞局的影片獎勵了。

不過，「文化」其實並非一種可以外在客觀化的「事務」，因此當它被討論、被促進，「文化」就失去了自我完足的意義，而成為一種計畫、一些編目和分類系統，甚至還是某些意識型態的教化。「文化」在促進與討論中變成了「管理」，更壞的則成了新興的拜物宗教。這種不自知的頌揚但卻弔詭的就在頌揚中反而貶抑了文化，最充分的證據就是我們談論文化的態度與方式：有些人視文化為一種休閒，有些人則當它是生活和藝術的品味，另外則有人視之爲社會富裕後即會自然降臨的人生消費態度，而更劣的則視文化爲一種擬經濟學概念的資源。「談論」經常是心中預存的藍圖的影印本之呈現，當文化被這樣的外在化甚或物化，難怪它就會造成文化質變爲單純的崇拜；爲了表示自己的品味超人一等，而硬是以自虐他的心情進行各項藝文趕集；爲了刻意塑造文化具有更「高」的價値，而人爲的去分割高文化和低文化，於是某些藝文場合反而讓人想起十七、十八世紀的歐洲宮廷藝文雅集活動。

在談論中反而使文化外在化，並將文化放在一個被人拒絕的位置上，或許這乃是儘管我們高唱文化，但文化卻似乎並無意降臨的原因。有下列數字至少可以顯示當今國民對官方所欲促進的各類文化之無動於衷：在一九九〇年達到高峰之後，民俗及書展、畫廊等活動人口均開始略減；臺灣經常閱讀書籍雜誌者僅一四%，主要爲消遣性的小說和實用性的財經工商及婦女家庭類；臺灣國民平均每人每天看電視的時間多達二小時十一分鐘；一般國民的「音樂歌曲創作、表演及在家欣賞」感興趣者高達六成，而可以合理猜測的是，這裏所謂的音樂應屬通稱的流行歌曲。臺灣的國民對「民俗文物、社會、歷史研究」或「詩詞文藝等寫作」殊無興趣。

根據這些數字，將文化視爲一種休閒的方式，可以看出臺灣國民的簡易性、被動性和實用性，而將文化視爲一種品味與教化，則我們依然斷層。文化對主導階層是一種身分的象徵，一種鑑賞的格調。在臺灣而言，文化似乎是相當私人化的一個領域，人們會讓客廳裏擁有一套《美術全集》或《陶瓷全集》，「美」的價值是一種招貼，文化則只是教養與品味。臺灣談論的文化，是一種奇怪的文化，它似乎是要讓人們在文化中逐漸沈沈入睡。

中國古代士人縉紳的教養，移民社會獨特的實用主義，期望中被儀式化了的禮節與秩序，臺灣所談的文化大半都隱藏著這些內容，這樣的內容當然比粗魯無文爲佳，但它令人擔心的則是當文化被徹底狹隘化成了私人領域的事務，文化變成了另一種型態的管理，那麼，文化作爲批判與創造的動力、作爲連繫私人領域和公共領域的救贖性格也就將因而失去。

臺灣以秩序整編的觀念談文化、制定文化發展策略，希望更多人聽音樂會，希望更多人觀賞畫展，一如西方主流人士的鼓吹「二度文藝復興」——在他們的觀念裏，九〇年代將是藝術取代運動而成爲最主要休閒的年代，它的證據顯示在博物館、歌劇院、交響樂團、畫廊等活動人口的增加上。

其實，「二度文藝復興」本質上即是個詭異的概念，它是音樂工業與影像工業更加發達後的延伸效果，昔日少數貴族資產階級享有的文化資產得以普及，CD工業爲九〇年代成長最快速的工業即是證明。然而，無論昔日宮廷的藝術事務，或者是十九世紀新興資產階級凝聚創造而成的偉大人文主義文化傳統——例如巴爾札克的小說、貝多芬的音樂、浪漫主義的詩歌……等，當產生這些文化的社會基礎已告改變，這些藝術也就脫空而成了有意義的記憶。它們仍然動人，值得人們分享，但卻已失去了昔日的能量。第一次文藝復興與「二度文藝復興」完全不同，前者是人文主義的文化力量創造著時代，而後者只是透過複製而將記憶延伸。

也正因此，當人們興致盎然的議論著各種傳統型態的文化形式或藝術種類時，能夠將昔日的累積進行再分配與共享，這當然並非毫無意義，但卻不宜對它作出過高的期望，時代業已改變，文化也同樣改變，通俗音樂與大眾藝術這些後工業時代的主要文化種類反而是更有「當代性」的新生事務，它是當代人的聲音，它具有可交流的特性。菁英階層一向忽視大眾文化，正如同昔日歐洲沙龍間的文化菁英低估了嘈雜咖啡餐室裏的文化胚胎，大眾時代的文化救贖或許就在大眾文化中。

文化難以被定義，但將其侷限在某幾個特定的範疇：如品味、秩序、休閒、資源、儀式，則明顯的是一種管理性質的歸類。文化的總結是人們向自己的發問、自求承諾、自我提昇，這才是更有意義的文化！

一九九二、十二、三十一

民主·政治文化·心的革命

德國文豪湯瑪士曼(Thomas Mann)曾經親眼見過納粹政治的荼毒，因而感慨的說到：

「在我們這個時代，人類命定的以政治名詞來決定自己的意義。」

這是人類的可悲——它的意義經常被迫要用政治名詞來作定義，在「泛政治鬪爭」的社會尤然。政治在理論上是「眾人之事」，但實際上則永遠只是少數人的遊戲，因而英國學者戴普萊（Terrenec Despres）遂說：「政治行爲與決策普遍與我們無關，但它們卻決定著我們的生活。政治是一種條件，人們發現到它經常未經我們同意，卻使得我們變成了別人目的之手段。」

而目前的臺灣，顯然是個注腳。表面而言，臺灣日趨自由民主，但這種自由民主並未帶給臺灣更好的民主社會秩序，反而是更多的混亂、失控，以及相互之間惡意的滋長。臺灣的民主道路踉踉蹌蹌，使得人們驚惶莫名。西方的政治儘管造成人們的冷漠疏離，但在冷漠疏離中卻也讓人放心，它們的國民不必擔心政治動盪，不必擔心政治對生活世界的毀滅性效果；但在臺灣，政治固然使人亢奮，但在亢奮中卻隱藏著太多驚懼。

一九九二年底立委選舉之後，整整一個月的時間裏，臺灣都籠罩在這種驚懼的氣氛中。選舉造成的國民黨「主流」「非主流」之鬪繼續蔓延，並隨著內閣總辭、立院正副院長選舉等題目而更趨激烈，甚至卽將演變爲你發動你的羣眾、我拉出我的隊伍的新局面，這是種高度惡質化的政治，捲進去的不僅是政客而已，報紙、雜誌、作者、文化界、學術界也都各自拉出旗幟搖晃；政治鬪爭的惡質化，不但在政客間激盪著原始狀態的仇恨，它甚至更向那些具有一定相對自主性的領域如文化、媒體、學術等方面穿透。臺灣幾乎所有的人都被迫要在政治上選邊，政治正在定義著人們的生活甚至命運。由於政治乃是一個社會裏最上層的結構，當這個結構鬆動崩壞，依靠它而凝聚出的秩序——包括官僚結構、社會秩序等也無不逐漸腐蝕，社會性的災難開始增加與擴大卽是指標。從蔣經國之逝至今已整整四年，四年於茲，臺灣起碼的民主秩序猶未搞定，反而是整體的「不可統治性」趨向增加，這時候，或許已到了人們必須從文化面來切入問題並作診斷的時刻。

何謂民主？其實它乃是幾乎所有政治教科書都未曾明言的事項，這也是早年聯合國調查，發現民主有數十種定義的關鍵。民主是選舉？經由選舉但卻不民主的社會所在多有，甚至還造成暴民政治的極多例證。民主是反對黨政治？有了反對黨但卻政治更趨混亂者已難以計數。有了中產階級就會有穩定的民主？答案也未定完全正確。各式各樣闡述民主的討論中都未曾明言的乃是：民主是一種「歷史過程」、一種「品質」、一種「經營衝突的能力」，總體而言，民主是一種「文化」。但在中國人的集體心靈構造裏，每個人都首先即肯定了自己的全知全能，權威型的心靈構造、歷史的記憶，使得中國人從來就只會在「絕對的臣服——絕對的主宰」兩個極端間擺動，處逆境時即「絕對的臣服」，一旦翻身爲順境，即一變而爲「絕對的主宰」。在極端間擺動的中國式的政治，使得中國政治人物從來就罔顧「品質」，也從來未曾在提昇「經營衝突的能力」上自我期許。一切均以「勢」爲所依歸，「勢」是一種必然性，但它的裏面卻缺乏了民主政治必須具備的一些超越性的價值，這或許也可說明臺灣政治發展何以踉蹌的原因了——臺灣沒有民主文化的奠基工作，缺乏經營衝突的文化能力。正因缺乏這些文化品質，整個臺灣遂瀰漫著共識瓦解、煙雨欲來風滿樓的困境，在政治上等著新勢力消滅舊勢力的「必然性」，而「必然性」只不過是一種輪廻，它不是具有更大超越性的民主價值。一個不追求超越價值的社會，豈僅不會有好政治，也不會有好電影，好文學等狹義的「文化」。

因此，具體的說，當前臺灣的懸疑迷濛，基本的關鍵仍是從「威權政治」轉換爲「民主政治」過程中，那個必須伴隨而來的由「威權文化」轉換爲「民主文化」的環節的脫落，而這個環節的黏合絕非易事，它是一種對歷史的新認知，一種倫理的重建，西方政治發展過程前期曾經經過的「文化革命」足供借鏡；不過，這個環節的黏合雖非易事，但至少應當有個開始。

因此，今年農曆春節，國民黨團拜時李登輝主席表示：今天執政黨最大的問題是內部互信不够，以致團結不強，他一定從本人開始，虛心檢討云云。這倒似乎是政局迷亂的此刻一種相當不錯的聲音，其實何止李登輝必須虛心檢討，國民黨大小政客也都無不應當檢討，就連普通國民可能也都有一併反省的必要——由威權脫胎爲民主，它的本質卽是一種蛹化過程，一次「心的革命」！

當前的臺灣，政局迷亂，人心漂散，除了政治之外，它反映在具體文化事務上的則是文化創造工作的停滯，由文學到藝術，無一不被迷亂的政治所穿透和扭曲變型，當上層的政治文化不能廓清，其他層面的文化也就只好成爲一團黑糊。因此，在政治文化上必須「心的革命」之際，具體文化領域裏的「心的革命」也不能不同時進行，甚至還必須走在政客的前頭來進行這場向人的「品質」展開的革命。依稀記得美國開國元勛漢米爾頓曾說過：讓我們這一代懂得軍事，讓我們的下一代懂得政治與法律，再到下一代才去欣賞文學和藝術。這是兩百年前機械式的社會進化觀，到了今天，更正確的說法或許是：「心的革命」，人人有責！

一九九三、一、三十

印象派·畫廊·感通

十九世紀中葉的歐洲，工業革命帶動起文明從未曾有的變局，資產階級與專業中產階級出現。倫敦與巴黎出現了兩種截然相異的文化景觀。

在倫敦，新興的資產階級與中產階級在「改革法案」與「穀物法案」之後被編入原有的貴族與鄉村縉紳階層，他們不曾在本階層的文化認同裏創造出新的藝術形式，而是退回傳統之中尋找認同。晚近英國藝術史家卽認爲一八六七年最具時代意義的「布拉福羊毛交易中心大樓」採哥特式建築，代表的就是英國資產與中產階級的「文化潰敗」。

然而，就在英國的「文化潰敗」同時，歐洲第一大城的巴黎，代表了新興資產與中產階級獨有的藝術形式——印象主義繪畫卻已在巴黎的沙龍裏形成。印象主義繪畫的特性反映的是：

㈠它是「所有形式在固定之前就已變爲陳舊」的資本主義工業文明內在機制的形象化，

它用色流動，掌握變化中的瞬間，扣合了當時的「時代精神」。

㈡初起時的印象主義繪畫呈現出高度歡愉、開朗、享樂主義的風格，它是當時主流階層心境的注腳與冠冕。

㈢在「人們已必須面對實在生命條件」的新時代，印象主義不但取材風景靜物盆花，更將視野延伸到「私人生活公共化」的新生活空間，例如人羣中的對偶等，這是新的對社會關係的呈現。

印象主義的繪畫是不朽的，它是現代資本主義文明超前於文學音樂而出現的新藝術形式，它爲往後的諸般種種開了端緒，例如將光線分解爲粒子俾再結合，這種「分解──結合」的邏輯卽不斷傳承嬗遞，是構造的分解，是一種原型的蒙太奇……等。印象主義的原生性，使得它維持在一種極爲平衡的狀態之下──它在藝術批判本質與藝術作爲社會本質之間良好的妥協，這使得印象主義繪畫很有美學上的好感與快感，作爲本質上具有自我批判揚棄與腐蝕的藝術品，它尚沒有自我顚覆到令人突兀的境界，因而它讓人感到親切，未曾虛脫於可感知的經驗世界之外。印象主義繪畫裡有個性、有羣性、使人歡愉，又是泛稱的「現代主義」之始，難怪從八〇年代中期以來，它一直是繪畫交易市場的最愛，迭創拍賣天價的是它，印象主義在美日等國的大展也都傳奇式的萬人空巷，甚至可以說：印象主義繪畫在這個時代，由於年代的湮遠、神話的編織、媒體以及市場的炒作，它本身就已蛻化成了一種傳奇。

也正因此，以莫內爲主的印象派繪畫展此刻在臺展出，雖然幅數不多，但眞蹟蒞臨，畢竟已是頭等盛事。然而，老問題仍然還是老問題，無論基於好奇、瞻仰或者臨物揣摩的任何心情，「觀看」不能是當我們看過之後唯一僅剩的記憶，而在「觀看」之外呢？這正如同聽看「慕尼黑室內」、「義大利合奏」、「莎劇」等之後相同。

其實，作爲繪畫的現代主義之始的印象主義，它在供我們觀看、喜愛、景仰之後，是有許多反思的東西可以被留存的：

㈠十九世紀中期之後出現的印象主義，它標誌的是繪畫脫離宮廷貴族和教會的贊助，而開始進入以資產與中產階級爲主體的收藏家循藝術機制而培養或維生的階段。十九世紀後半，歐美收藏家大增，急切的循巴黎畫商畫廊管道而購藏，印象主義是藝術市場化第一波幸運兒。舉例而言，在論印象主義繪畫時，似乎很少人提及蒐藏最富，一人之藏即超過全巴黎的美國藥商巴奈斯（Albert C. Barnes），他的雷諾瓦多達一七一幅、塞尙五七幅、馬蒂斯五四幅……全部八百幅。這位上世紀末到本世紀初以製售兒童成藥而致富的醫師，畢生蒐藏印象主義相關的繪畫，不炒作、不招搖，他的收藏在逝後數十年的現在才出土公開。十九世紀末大量類似於巴奈斯的收藏家出現，愛繪畫而買繪畫，繪畫不是投資，而是喜好，他們的專業才留給後人今天炒作的材料，也使得印象主義繪畫得以大量留存。由印象主義而思那些消逝掉的收藏家，而今的「蒐藏家倫理」何在？

㈡隨著印象主義之後，繪畫進入「沒有畫論即沒有繪畫」、「沒有畫廊即沒有畫家」的新時代。賓州大學教授戴安娜克恩（Diana Crane）最近在《論前衛之轉換》一書中即指出：「藝術風格在一個報酬系統中發展，藝術家團體選擇自己的認知與技法目標，但他們只能在具有競爭性的象徵或實質報酬支持架構下進行。」印象主義畫家一定程度的羣體認知、沙龍裏的討論、畫廊的支撐，這些屬於繪畫機制的關鍵問題，當人們在觀看繪畫時不能忽略。舉例而言，要研究梵谷，即不能忽略他畫商兄弟不亞於梵谷的貢獻。由印象主義之後，繪畫已不再只是繪畫，「畫論」的重要性與繪畫的機制，已成了必須關注的對象，晚近甚至有論者認為「畫廊創造著藝術史」，語雖魯直，並非虛妄。

㈢由印象主義展，連帶也就讓人想到，面對著這樣的時代，作為關切本土藝術的人們，應對自己的藝術有怎樣的思考？藝術是一種創作，技法理念形成後，任何人均極易模仿抄襲，以臺灣的目前程度，要出一百個「臺灣的莫內」也毫無問題，只是毫無意義。同樣的，中西任意比附，謂之「感通」，希望分得一些印象主義的光環，也就成了一種心態上的笑談，這是心理的虛弱，虛弱者還不會有自信。

藝術是技法，是思想，是支撐體系，印象主義繪畫在十九世紀後半歐洲第一大城巴黎出現，被西方一整個階層的文化力量支撐，它並非偶然，而臺灣當前一切藝術領域，從繪畫到電影、音樂、文學，或許還沒有完成創造這種必然的準備吧！

一九九三、二、二十七

巴拉圭・蘭嶼・多文化主義

由於哥倫布「發現」新大陸五百週年，諾貝爾和平獎的頒給拉丁美洲原住民人權運動領袖曼珠女士，原住民的問題已成了九〇年代世界上最重要的問題之一。

目前的世界上，除了愛斯基摩人由於生存環境獨特，本身的語言、文化，以及生活方式等還能以比較完整自主的型態保留外，其餘國家的原住民在數百年來種族的遷徙、殖民、剝削、凌虐之下，或者已徹底滅絕，或者就只能非常孤寂的以點狀的狀態掙扎殘存。因此，關切原住民，它的意義不在於現實的有效性，而在於文化及人道上——因爲，近代人類的文明迄未學到的就是對待極端少數之道。當人們學會了對待極端少數之道，總體文明的品質才可能提升，而那些極少數原住民所保存下來的文化樣態，或許反而會在某一天拯救人類愈來愈貧乏磽薄的這個文明。

如何對待原住民？幾乎所有的國家都尙未尋覓到最恰當的方式。外來的種族及文化以君臨方式來「理蕃」或促其「文明開化」，這早已證明是一種夢魘，因為它開啟的其實只不過是種族滅絕的大門。那麼，剩下還有甚麼恰當的方式可供選擇？徹底的隔離？但它卻可能只是讓原住民自生自滅。而選擇性的介入，選擇的項目及它的連帶效果卻又如此難以估測，何況一旦介入，它就無法在「恰當」之處停止。

在近代人對待原住民的各種紀錄裏，一六〇九年至一七六五年耶穌會教士在今日巴拉圭的表現最可圈點。在教會體制內原本即激烈清純的耶穌會教士，他們在巴拉圭從學習土著語言開始，接著以當地巫醫的語法、舞蹈動作而改編《聖經》傳教，在近代教會史上這是成功的先驅性示範。除此之外，更重要的是教士們與原住民共同生活，將印第安人原本即具有的原始公社的生活方式更加擴大，教士與土著同耕同食，共同抵擋其他白人獵奴者的侵襲。耶穌會的教士在巴拉圭建立起了只有《聖經》上寫過但在西方卻從未實現過的「伊甸園」。而當時的教會、殖民政府，以及其他白人社會卻不能容忍這些伊甸園的存在，因為伊甸園的存在只彰顯出他們自己的罪惡，就為了拒絕面對自己的罪惡，一七六三年耶穌會教士被全面驅逐，伊甸園也淪為地獄，在由伊甸園變為地獄的過程中，許多耶穌會教士為了抵抗而和印第安人一同作戰而失去了性命。八六年坎城影展得獎的「教會」影片，所敍述的就是耶穌會在巴拉圭的三十多個教會裏的一個。耶穌會在巴拉圭的故事，給人的啟發是：

㈠恰當的對待原住民之道，只有在與原住民共同生活的經驗裏才能尋找得到，它在生活裏，而不在理論中。

㈡不同的種族，信仰並非不可能相容並存甚或混合成新的事務，但其必要條件卻是自我擅專的、以我爲大的支配意念的切斷。當我們認爲我們的生活方式優於原住民，僅此一念，就已是原住民問題的因，它得不出解決原住民問題的果。

在全球原住民爲自己的文化、語言、生活方式而爭的這個時刻，臺灣的原住民也有了自己的聲音。稍早前，原住民爲了「還我土地運動」至臺北抗議，結果被打得頭破血流，相比之下，最近蘭嶼雅美族多位長老至內政部陳情談判，要求以自主投票的方式決定蘭嶼國家公園之設置與否，這起陳情談判，雙方以禮相待，第一次交手能和平解決，不能說不是態度上已有了起碼的改進。在臺灣，平埔十族已幾乎滅絕消失，而山地九族也日益凋零，蘭嶼以偏遠之利，反而多了一些殘存的完整性，在原住民問題日益迫切的這個時刻，蘭嶼的特殊性已使得我們不妨好好爲這個問題設定出一個框架，根據這個框架來尋找出如何對待極端少數的原住民之道。

而對待原住民的恰當方法並不易尋找得出，就以蘭嶼這個問題爲例，連日以來，各界名流發言頗多，就頗有一些人士主張，將來國家公園的開發，有關的觀光旅遊設施宜由蘭嶼人優先云云，乍聽之下，這似乎是個不錯的主意，但稍一反省，或許即可查覺出它的荒謬，因為這種見解裏已預設了目前臺灣這種經濟文化的立場，誤以為原住民和臺灣多數人一樣只不過是要多爭一些賺錢的機會而已，其實，所有的原住民運動不只是爭平等的運動，而毋寧是一種爭尊嚴的運動，尊嚴大過平等太多！

全世界的原住民運動，本質上都是一種反對「文化帝國主義」的運動，外界的人根據文化的優越感而侵入原住民社會的每一個領域之中，「文化帝國主義」先行，經濟拐騙、販賣雛妓、信仰侵略等遂開始大舉出現。因此，對於原住民，問題的關鍵並不在於他們，而是臺灣的其他人之侵略本能。基於此，對於原住民的問題，外人所能作的，最好是少發表借箸代謀的意見，而多致力於不利因素的排除，基於此，具有象徵意義的蘭嶼核廢料處理場及空軍炸射場等的確應當遷出蘭嶼，如果核廢料處理場眞如主管官署所說的沒有安全問題，那倒不妨遷至臺北。除了不利於蘭嶼的因素之排除，蘭嶼國家公園必須由下而上重新再議之外，蘭嶼雅美族的前途，最後的決定人畢竟仍是他們自己以及認同原住民文化與生活方式的人們，原住民不能只是反對，而必須作出或提出新的主張，兩百多年前耶穌會教士和印第安人在巴拉圭所創造的前例，倒不妨作為重新思考蘭嶼的起點。

「多文化主義」是人們對未來的新理想，希望各種族，各不同的文化與生活方式能在相互尊重的前提下共存並相互豐富，臺灣的「多元化主義」思考與行動或許可由蘭嶼問題開始。

一九九三、三、三十一

歡樂・狄斯奈・殺時間

在這個工作時間日益縮短、假期愈來愈長的時代，「休閒」有時候已不再像「偷得浮生半日閒」那般恬靜舒適，反而成了難以砍殺掉的負擔。

於是，「休閒」也開始逐漸的極端化。每逢假日，數百萬匿名的人潮就蠭湧向各個遊樂園，在人羣堆裏覓得歡樂和精神的鬆弛；而更多的人們則可能是藏匿在家庭的內殼裏，怔忡的面對著電視發呆，而無論擠進人堆或縮進家庭，它們的意義均然相同：這是個休閒工業當道的時代，人們藉著休閒砍殺時間，而休閒工業則藉著休閒消費而將人們砍殺成一個個單獨的個人，休閒愈來愈「私人化」。遊樂園的「私人化」和柏青哥相同，它們都是個人孤單的在人羣裏覓取歡樂。

在一七八〇年之前，人們不以今天這種方式休閒尋樂，無論東方西方，休閒普遍限於飲酒聊天、鬪鷄鬪狗、吆喝聚賭、逛市集、特定假期的放縱狂歡等等。一七八〇至一八八〇的一個世紀，乃是工業革命將它的「現代性」由生產逐漸擴向休閒的時刻，休閒趨向「合理」，嗜血混亂的鬪牛鬪鷄鬪狗被強制取消，絕大多數地區也消除了縱酒狂歡的民俗活動，合乎「現代」要求的休閒：例如有特定活動範圍的足球、音樂廳、登山等被開發了出來。兩次大戰期間，休閒渡假走向「公共性」較強的方向，教會及工會等各種團體舉辦成員的各種露營渡假和出國旅遊，俾使成員們在露營旅遊中互助友愛，彼此學習了解。這似乎是近代休閒活動既有「私人性」但也有「公共性」的短暫美好時光。

然而，第二次大戰後的繁榮，閒暇的增多，大型商業資本投向休閒工業，卻改變了現在的人的一切。戰後初期曾活潑過一陣子的「參與式的運動」：如划船、羽球、手球、騎馬等，在比賽的被商業化之後，大型球場逐一設立，運動商業化成了「觀賞式的運動」，人們不再自己去運動而只是「觀賞」及「談論」運動；而綜合型的遊樂園和渡假區也被休閒工業家們開發了出來。渡假休閒是一種整批的交易，它被設定在社會裏的某個特定區隔化的空間裏，遊樂園和渡假區是現代社會裏的一種獨特設計：

㈠它復活了中古世紀之後即消滅掉了的狂歡遊樂園和渡假區，有各種太空飛車、鬼屋、碰碰車、海盜船、各種飲食攤，人們在此歡樂尖叫，蜂擁的人羣裏沒大沒小，眾生平等。遊樂園和渡假區充斥著各式各樣的歡樂消費，它是個快樂的烏托邦。

㈡遊樂園和渡假區是個虛構的、模擬的世界，如同木葉蝶的模擬樹葉。它模擬吊橋、索道，模擬原住民的生活方式，模擬遇到鬼，模擬海盜。這種模擬組成了一個獨特的成人童話世界。近代遊樂園區的最高指標是狄斯奈樂園，它模擬海盜、開拓時期的美國邊疆，模擬未來世界。絕對的非實在被提供出來當作了實在，人們在歡樂中認識世界，但卻是經由虛構的模擬之物。也正因此，法國思想家布希亞（Jean Baudrillard）曾這樣說過狄斯奈樂園：「它被呈現爲一種想像物，目的在使我們相信其他的都是實在的，而其結果則是，圍繞著它的洛杉磯和美國卻反而都變得不實在了。」在遊樂園區裏，人們並沒有逃避，而只是變成了同一的東西。

因此，大型的商業資本進入休閒工業後，的確已愈來愈改變了人類的生活甚至人類本身。遊樂園區大規模的徵召著休閒渡假的羣眾，一如大型職業球賽的球場必須徵召觀眾，人們在人堆裏歡樂尖叫，而後聲嘶力竭拖著疲憊的身軀仍將面對接踵而來的工作。人們在歡樂中未曾認識更多朋友，未曾熟悉更多花鳥蟲魚，未曾活動更多筋骨，當然更不可能更認識世界。離開了遊樂園區的大門，離開了那許許多多精密的遊樂機具和器材，他或許反而更覺得孤獨！除了家庭成員的共感外，休閒竟然是如此難以忍受的殺時間的方法。而這似乎也是現代人的苦痛之一，他們不願成爲工作的奴隸因而爭取自由時間和假期，而現在卻忽然發現到，他們爭取到的反而是另一種負擔——當然比前一個負擔已好了太多。

而這乃是一個世界性的普通問題。在過去兩百年裏，休閒渡假的共同軌跡是：它由放縱混亂而進入秩序多元，但到了大型商業資本進入休閒工業後，這種多元性遂開始減少。人造的遊樂園區，在它的前面發呆的電視及錄影帶觀賞式的運動，具有虛假集體性其實卻更加孤單的柏青哥，這些已成了最主要的大眾休閒娛樂，它們的共同的特性則是「私人性」！一九五〇年代那種露營、參與式的運動、郊遊、蒔花種草等成為主流的休閒活動時代早已遠去。當遊樂園區成為主流之後，一切休閒資源的運用也往這裏集中。幾乎一個模樣的遊樂園區一個個被建立了起來，擁擠的人羣車流吸收了大量公共交通投資，其他的休閒設施逐漸萎縮。一推一拉之間，人們在假期除了遊樂園區之外，再也沒有別處可去！

這實在是一種荒誕的生活方式，休閒日益「專業區化」和人造化，或許這已是我們後代的生活方式——每天工作，普通的閒暇就是在電視機前發呆，而較長的假期則一窩蜂的擠往遊樂園區！

而這乃是西方許多學者在思考的問題。休閒是歷史的產物，今日的局面因而也就不是必然。最古的時代，工作、生活、休閒，三者完全不分；而到了今日，則又走到了它最極端的對立面，那麼，人們有沒有可能尋找到又快樂、又能讓自己精神以及歸屬感滿足的渡假方式？

一九九二、三、五

舌頭放毒・腦筋生銹・新人類

或許，「大眾消費」加上「大眾傳播」而成的「後現代社會」，就是一個語言、觀念、圖象更加快速的被拆散、扭曲、拼合、折疊的時代。大聰明統統消失，最後只剩下「打屁」和「瞎掰」。於是，輕薄短小，打屁加上瞎掰，再加上一點抓狂的想像，滴上幾滴暗嵌的機智，就成了當前的主流青少年次文化。

在這樣的佈景下，《少年快報》成了青少年的最愛，而國人自製的《腦筋急轉彎》、《毒舌派》、《軍中笑話》也急起直追，不讓東洋人專美。速食、歡樂、遊戲，「後現代」沒有悲劇，有的只是扯淡、笑話，以及對冗贅、機巧的新崇拜。這些其實又都和「週末派」、「歡樂派」等型態綜藝節目是連體嬰。

而說到這種型態使人發笑的事務，就會想到兩個法國人說過的話。一個是哲學家柏格森所說的：「笑必定伴隨著冷漠，因爲笑的敵人乃是激動。」人與事保持安全距離，無動於衷，才會有笑的動力，一本正經是笑不出來的。另一個則是詩人梵樂希說的：「笑是拒絕思考。」對一個似是而非的解答，它可以免掉我們的頭痛時間，由於忽然的輕鬆，我們就有了快樂。

因此，這樣一個謎語：「愛快羅密歐」，誰知道它要幹嘛？當「悲傷茱麗葉」這個彷彿有道理，但確實也沒甚麼道理，但我們至少知道它們可以掛在一起的答案出來，我們就笑了。這就是臺灣的「腦筋急轉彎」，不必邏輯，彷彿相關，不生產甚麼，但也不消費太多。一種同輩間的小小炫耀，一種小小的滑溜。

這種小小的滑溜，也在「趙傳亮相——獻醜」、「警察開理髮店——有條有理」、「陸小芬穿小號內衣——罩不住」……等「現代歇後語」裏充斥。「後現代」的新人種是一種愈來愈擅於重組各種無關係事務的族類——一種新的「毒舌派」。再加上一些這個時代已能公開的軍中黃色笑話，他們舌頭放毒的段數必然大大提高。

嘴唇有若滾了滑油，腦筋在中國文字音義以及現實混合的空間裏左轉右彎，以及編個劇本，不在劇的深刻處下手，卻在情節上拖宕（如少男少女相愛，總是經過無數陰錯陽差的錯失良機），然後在這個情節拖延的時間裏，讓美麗變幻的文辭來發揮魔力。所有的這些都是中國的深厚傳統，散見於中國笑話書、戲劇、歇後語等等之中，它們使得中國人最嫻熟於語言和文字的操作，語言及文字的頭腦體操既是傳統，現在則更加發揚光大。

語言滑溜，腦筋轉彎，再加上一點黑色黃色好料，這當然沒甚麼要緊。在這個正經八百的世界，太多有聊，何妨加一點無聊；太多嚴肅，當然也不妨玩一點諧謔及打謎的遊戲。

不過，古書《文心雕龍》這樣說過：「古之嘲隱，振危釋憊。雖有絲麻，無棄菅蒯。會義適時，頗益諷誡。空戲滑稽，德音大壞。」滑稽以及文字語言遊戲，當它太沒甚麼道理，也就變得毫無道理，正如同大玩轉彎的文字遊戲，「纖巧以弄思，淺察以衒辭」，也沒有甚麼道理，而成胥靡無聊的遊戲之結局。語言儘管滑溜，畢竟世界不全由這些小小的滑溜所組成，太多的滑溜，我們的人生就眞的要被「掛」起來了。

論滑溜和笑話，法國的諾安(Jean Nohain)曾經將這種文類分爲五種：「淫穢的喜劇」、「大兵鬧劇」、「怪誕喜劇」、「黑色幽默」、「滑稽模仿」。針對不同程度的人作調查，程度愈低者，愈喜歡前面的種類；程度愈高者，愈喜歡後面的種類。而其中間則是「怪誕喜劇」。這也就是，愈到後面就愈有反思空間。將性器的笑話晃來晃去，最乏反思性格。因此，笑話和聰明之間畢竟還是有等級劃分的。它可以和小聰明相加，可以和中聰明相加，當然也可以和大聰明匹配，而我們是那一種聰明？或許，話也可以這樣說，在這個青少年愈來愈「後現代」的時候，我們將來的「新人類」會是那一種類型的新人類？或者我們希望他們成為那一種「新人類」？

一九九一、五、三十一

神學是認識西方之鑰

最近這幾年，臺灣流行昆德拉的小說。小說的好處是它可以任人閱讀，讀出多少東西，是讀者的造化和作者的幸運。把昆德拉讀成了「反共作家」，並非作者的損失，只不過是讀者自己的遺憾；這樣的讀者只會愈讀愈少，而不可能愈讀愈多。

在各種對昆德拉的閱讀中，捷克裔的瑪利亞班勒姬（Maria N. Banerjee）可能最深刻入理。她從許多基督教信仰以及神學符號入手，對昆德拉作出更深層的閱讀。舉例而言，《生命中不能承受之輕》的第一女主角德麗莎，不正是羅馬柯拉諾小教堂裏彫刻大師貝里尼那幅「聖母德麗莎」的翻版？它是神聖與性聯想的奇特結合，聖母德麗莎和女主角德麗莎其實一而二、二而一，都有著神學上的重要意義。

從昆德拉的小說這小小的一端，或許即可發現，理解別人和理解別的對象之不易。西方是個巨大綿延的文化綜合體，政治經濟是冰山浮出的一角，而那沉潛在底層的則是被信仰宗教穿透了的社會以及生活型態。托爾斯泰卽說過「基督徒不只信奉教義，更重要的是生活」之論，而無論喜歡或厭惡西方，想要理解這個對象，都不可能不去理解它最基底、但也可能是最重要的神學。而不幸的卻是，近代東西交會的過程中，基督教神學卻始終是我們最欠缺的一環。許多程度不錯的知識分子都還視神學爲落伍的學問，遑論普通人。

其實，西方神學著作的中文翻譯並非一張完全的白紙。一九四〇年代起，南京的金陵神學院卽和紐約的協和神學院合作著手編纂《基督教歷代名著集成》，雖因戰亂而有所停挫，但此項工作仍然完成，並由「東南亞神學院協會」出版。由於教會的跨國活動網路，這些經典著作也都能在臺北書肆覓得。除了這一組經典之外，稍早前的臺灣商務也曾翻譯過聖多瑪斯的《論眞原》、《論萬事》、《論奧理》這三本著名的經典，以及聖奧古斯丁的《天主之城》，正中書局則出版過德日進所著的《人之現象》，至於其他的神學著作出版則較分散。廣義的基督教神學著作，長期的就以這種不怎麼明顯的方式存在著，它們塡補著臺灣神學著譯的空白，也是很重要的。

臺灣的神學書籍分散，絕大多數出版的書是保守的福音基要派所出；但仍有一些足以顯示深度，也會帶給人們反省樂趣的作品。其犖犖大者有「神學之父」聖奧古斯丁的《懺悔錄》（志文），天主教進化神學的大師德日進的《人之現象》（正中），實存神學家保羅田立克的《生之勇氣》（久大），著名的德國殉道者潘霍華牧師的《獄中書簡》（基督教文藝出版社），美國自由神學一代宗師尼布爾的《道德的人與不道德的社會》（永望），猶太教神學家馬丁布伯的《我與你》（久大桂冠），可以說是中國大陸唯一青年神學家的劉小楓之《走向十字架的眞理》（風雲時代）等。

神學是西方眞正的最大傳統，它連綴出信仰、道德、倫理，以及整個文化和公共世界；縱使上帝已死，但神學卻不會消亡，曾有一位義大利思想家柯奈提指出：不理解路德神學卽不可能理解整個德意志意識型態，不理解喀爾文神學就不可能知道英美的新教文明；而不了解猶太教的教義和生活，卽無法掌握馬克思的神髓。話或許誇張了點，但並不離譜。

奧古斯丁是四世紀的古人，但他的思想至今仍然相當的「現代」，而《懺悔錄》則是縱使再過一千年也仍然會讓人感動的神學甚或文學作品。《懺悔錄》是靈魂的煎熬，對於罪和自身有限性的覺知，以及對天啟的皈依。《懺悔錄》每個時代都被重新解讀，它可以使人理解宗教性以及超越性的源起，當代思想家如富柯、如佩吉兒（E. Pagel）均對它作出最高的評價。

除了奧古斯丁外，其餘的神學家均爲現代或者可以說是當代的神學家。對發現北京人有過貢獻的德日進神甫，同時也是博物考古學家，他意圖在進化論裏重造上帝——「宇宙的沉思中心和上帝一體」。受到存在主義哲學文藝影響，對現代人的荒謬性與虛無性有特別洞察的保羅田立克，則意圖在這個已經看不見上帝的時代，藉著《哥林多後書》五章十七節以及《加拉太書》六章十五節的啟示，重建一種新人本主義的有神論。而尼布爾則更是個企圖在社會正義這個更大範圍上來彰顯上帝博愛的當代重要神學家。而昔日被納粹處死的德國神學家潘霍華，他的日記更是痛苦靈魂煎熬、懷疑，以及終而確信赴難，視死亡為復活的開始之最動人紀錄。至於馬丁布伯的《我與你》，更是一部永恒的經典，同樣的是意圖在這個我們懷疑並被自己遮蔽的時代，讓人重新與上帝相會。

以上這些神學著作，可以說都是神學創新的著作。依據瑞士當代神學巨擘孔漢士的論點，它們都可以算是意圖為神學創造新「典範」的偉大企圖。在這個愈來愈世俗化，人的價值愈來愈被貶抑，教會組織僵化，宗教禮儀墮落成了自嘲的標誌，而人們日益懷疑犬儒，並在這種新的虛無時代下墜成了塵泥的時刻，我們要如何尋覓、追索，或者在自己裏面與上帝相會——藉我們對人的不滅的關懷（如尼布爾、孔漢士）？藉信仰的躍昇和慕聖的心靈（如保羅田立克、馬丁布伯）？或者藉那至高的愛（如潘霍華）？甚至藉著對世界及歷史的體察（如德日進）？在當代神學中，新的「上帝論」始終是最主要的核心，而不論它的重建上帝是經由那個途徑，人的超越性，社會的、甚至歷史的超越性，都自然的涵蘊在新的「上帝論」的探索之中。

由西方這些已有中譯，但畢竟不甚完備的著作，人們雖然不能淸楚掌握當代神學風貌，卻已可得知一二梗概，並可揣摩出西方神學家們是如何的將個人的價值、社會的價值，以及不斷的超越再煉放在一起的思考方式。而這樣的思考方式，就讓人格外追憶起已故唐君毅先生曾說過的，爲什麼在中國人的心靈裏，對於超越性價值的追求是如此稀薄的感喟了。也正因此，一位大陸年輕神學研究者劉小楓所著，絲毫不引人注意的《走向十字架的眞理》，反倒值得有心者去關心。

我們必須理解西方，必須理解它的最重要基礎——那不斷翻新、不斷召喚、不斷照耀超越的十字架形象。五、六〇年代曾長期在底特律工人羣眾裏佈道，從事社會事工，要在正義裏彰顯上帝，與愛因斯坦等人道主義者齊名的尼布爾，他曾頌揚過「十字架」的光照。他對上帝的虔信，又讓人想到著名神學家格林丁德（Glenn Tinder）所發表的長篇論文〈如果沒有上帝，我們是否仍能爲善？〉，上帝並非意象，不是符號，不多不少，祂正是「超越性」所賴以維繫的「終極關懷」！

西方的神學如傳柯說過的，它是人模塑自己、追求完成與超越的一種價值。它不在世俗之中，只能在我們的覺悟及追求超越中！

一九九二、四、十

文化解讀篇

登山的文化解讀

一八五〇至一九一四年是英國登山運動逐漸發展的年代，一九一六至一九二二年擔任英國首相的勞埃喬治（David Lloyd George, 1863-1945），在各種大小演說中最喜歡用登山作爲譬喻。

例如，一九一七年八月，他在艾斯特佛市演說，就有這樣一段名言：「我常常惕勉國人，當有挫折時，就去看山。晴天，羣山彷彿近在眼前，人們似乎覺得很快就可以走到山腳下，再一個小時就可以登上山頂。如果是多雲霧的陰天，人們就會認爲山已消失。這兩種態度都是錯誤：羣山不是大家想得那麼近，它也不會消失。我們要做的只是爬，不停的爬，我們要穿過許多危險的濕地，我們也必須不斷攀越峻巖，我們的足跡可能沾著血跡，但我們終會抵達峯頂，眺望壯美的山谷和新世界的廣闊平原！」

勞埃喬治首相被認爲是「近代最會使用譬喻的人」，他曾說過，政治人物不是要說理，而只是要說得讓人相信。為了讓人相信，於是他遂大量使用譬喻，當軍隊要反攻，他說：「讓我們從敵人血腥的爪牙下收復神聖的土地」；德國進行無限制的潛艇政策，他就稱德國潛艇是「在幽暗森林深處潛伏的狼羣」。這個最會使用譬喻的人，登山被他譬喻之後，成了一種兼具「征服」、「堅忍不拔」、「克服萬難」等符號意義的動作。登山這種現代運動被賦予這樣的意義，其實正出自十九世紀的英國，而後藉著大不列顛王國的聲勢，而向世界延伸。

英國在工業革命以前，和其他國家相同，都對龐鉅而代表了威脅的山抱持著怖懼的態度，因此，直到十八世紀初期，像寫《魯濱遜漂流記》的笛福(Daniel Defoe, 1660-1731)，當他寫到英格蘭西北部的山岳時，稱之「貧脊和荒涼，對人類和野獸都沒有益處，而且無用。」而同一時代，也只有少數人，如佛萊明爵士（Sir Daniel Fleming）等能基於審美的角度而喜歡看山，認為它「有令人快樂的千變萬化」。當人還在大自然的威力下討生活時，只會對它敬畏有加；當人們逐漸擺脫這種威力，這時候就會回頭對自然欣賞。因而近代一名德國學者羅文塔說：「美的經驗乃是從自然對人的巨大支配中解放而得。」但無論厭惡山或用美感來欣賞山，當時都沒有「登山」。

近代意義的「登山」開始於一八五七年，當年在倫敦成立了「阿爾卑斯山俱樂部」(Alpine Club)。它的初期會員有八百多人，三分之二出自新興的中產階級，包括法律、教職、公私部門職員、教會、醫師、藝術等部門的專業人員。值得注意的是，有一二%會員爲工商界，地主階級僅一二%，其他多爲各種專業領域的知識分子。他們的興趣不是「登山」，絕大多數乃是對冰河學、地理學、山岳植物學、地圖學等科學有特殊癖好的新興綜合知識分子。許多十九世紀參與塑造大英帝國秩序的主要知識分子都是會員。舉例而言，工業革命初期，英國社會秩序大亂，著名的英國文學學者馬修阿諾德（Mathew Arnold）即致力於靠著建立英文正統及正統文學，而使得大家都來學這一套有助於「教化」的東西而整編秩序。我們今天所讀的正統英國文學有大半均出自馬修阿諾德之手。他就是這個「阿爾卑斯山俱樂部」的初期會員。

源起於英國的現代「登山」，由它的歷史演變可以看出，它初期並非「運動」，而是新興專業型中產階級「山岳科學探險」。在那個工業革命初起，人們對萬能的科學充滿憧憬，而科學分工尚未專精化，因而上進的中產階級業餘科學家大量產生的時代，將山丘作爲科學探險的對象，可以說是很自然的結果。

山岳是一種獨立存在的東西，它本身沒有意義，由於人的存在，山岳才有了意義。對害怕雷電風雨的人，山岳可以視爲「魔鬼的家鄉」；對於有能力採取山林資源的人，山岳則成了「上帝的恩賜」。山岳可以自審美角度切人，可以自科學角度觀察，這種意義的轉變，其原因乃是人本身的轉變。英國近代「登山」的意義，大抵可分三個階段：

第一階段為一八五七至一八八〇年代。「登山」是科學探險與研究的對象。

第二階段為一八七〇至一八八〇年代的混亂期，各種不同的人要賦予「登山」不同的意義，這是「意義角逐」的時刻。

第三階段為一八八〇年代以後，以迄於今，主要均將「登山」視為一種「運動」，並賦予它冒險犯難、鍛鍊體魄、征服自然等意義。

「登山」的第一階段結束，最主要的原因似乎是隨著工業革命的開展，科學進步日趨快速，科學的專業化逐漸加深，於是「業餘科學家」的角色日益減退，山岳研究必須讓位給專業的地理及地質、植物學家。那種又像遊記、又像科學論文的科學敍述文件也就同樣的消失。

在「登山」的科學意義逐漸退縮後，出現了「登山」的新意義之尋找。上個世紀末，乃是歐洲工業革命後首度出現危機，資本主義體系面臨崩潰(後來爆發第一次世界大戰)，連帶的人們也出現精神危機，認為資本主義的功利與掠奪乃是罪惡的淵藪。因而英國與歐洲其他國家相同，出現新的神秘思潮，主張回歸自然，與自然和諧相處。在這種思潮之下，「登山」遂被一些人賦予一種神秘的浪漫意義。認為「登山」乃是一種回歸自然的行為，在「登山」過程中，人們可以揣摩山林的和諧與神秘，而與之合一。

不過，企圖賦予「登山」這種神秘的浪漫意義，卻和當時的回歸自然思潮一樣，注定了失敗的命運。在競爭日厲的人類世界，不可能有任何一個「體制」會支持這種價值觀，因而，那種認爲「登山」是「運動」，具有克服萬難、征服自然、鍛鍊體魄以應付挑戰的觀點，由於它最符合「體制」的需要，遂成了「登山」的主流意義。

「登山」如果有眞正確實的意義，它唯一的意義是登山者自己喜歡登山。登山的「克服萬難」是否有助於做事時的「克服萬難」？登山者「跌倒又爬起」是否會使他在面臨逆境時也能「跌倒又爬起」？或者，登山是否眞正有助於「體魄強健」？嚴格而言，這些問題都沒有答案。因爲這些問題都「不相關」，正如同許多傑出的運動員，他們的身體健康程度反而較普通人爲差。單純的「登山」被賦予不相干但卻彷彿有關的意義，其實只不過是一種「符號的遊戲」——希望藉此爲社會製造出一些「價值標準」，讓大家服膺。

曾有一位早年的英國登山者說：登山有助於冒險犯難，與山友們合作也有助於發展團隊精神，這反映了我們英國人的眞正性格云云。他的這一席話充分顯示了「登山」的政治學意含：藉「登山」以鼓吹民族尊嚴。

基於這樣的知識考古，「登山」被賦予的「意義」經常只是「符號的遊戲」，因而，李元簇副總統的「登山」秀，其實甚麼也沒有證明。他登山已成習慣，一路到底，這與「堅忍不拔」毫無關聯。這場「登山」所證明的唯一東西是：他很會「登山」！其他的一切都是不相干！

不過，儘管如此，一切「符號的遊戲」能夠存在都有它存在的理由。「登山」而能出現「登山哲學」，乃是藉著語言的鬆散特性，而藉機作「社會導引」。李登輝和郝柏村擅打「高尚」的高爾夫，李副總統則擅於「堅忍不拔」的「登山」，他們眞正想證明的，卻是那無法證明的「高尚」與「堅忍不拔」！

一九九〇、九、十七

民歌

——詩意政治的實踐

民歌是一種詩，因此民歌文化的流變是一種「詩意政治」(Poetic Politics)。尼采說：「每一時刻，當民歌大行，也就是戴奧尼索斯的酒神精神在深深的激揚的時候。」恣狂奔放的民歌，以它的詩意及旋律，在改變音樂的同時，也就改變了世界。

而這也就是柏拉圖早已說過了的「詩意政治」的鐵律：「曲式及節奏永不改變，除非政治形式及方法改變。」「新的風格靜靜的、以迂廻的方式滲入舊的風習之中，而後發出巨大的力量，攻擊法律規章，展現了極端的鹵莽，直到顚覆掉一切——無論公共或私人的範圍。」

音樂、藝術、文學，一切的文化種類都有它在世界脈絡中的意義，也會蒼老與朽敗。音樂的老化，則是僅剩花俏的唱腔與技法，繁瑣的對位和聲，不再與生活合一，就成了高雅但卻孤寒的形式，正如同蒼老的文學成爲「美文」——它只承載簡單的內容，主要依靠綺麗的形式肌理來渲染氣氛。在流行歌曲方面亦然，它的蒼老是和絃繁瑣，音高提升，節奏及語言都漸被固定，感情被曲式和語言桎梏的結果是被貶抑成一種「虛幻的客觀性」，而它的救贖則在民歌：一種簡單、奔放、充滿生與死的掙扎與渴望的歌謠。

民歌豐富並復甦漸死的流行音樂，改變了樂曲的形式、節奏，以至於語言和思想，最獨特且典型的例子，就是西方六〇年代的「搖滾革命」，它不僅是新的流行樂，更是新的文化、思維、語言與政治。正如同十八世紀末以迄十九世紀初文學上的「浪漫主義革命」。六〇年代的「反文化教父」亞倫金斯堡（Allen Ginsberg）替它作了注腳：「當音樂的形式改變，城市的所有牆壁都被動搖。」

六〇年的西方剛過完戰後最保守的歲月，流行樂也是溫吞優雅的抒情曲，平凡到不能再裝載熱情與希望。於是，從十九世紀以來一直發展，並於本世紀二、三〇年代進入城市的黑人音樂被「白人化」。這種由藍調、靈歌、痛苦之歌、福音歌謠、R&B一脈傳承的黑人歌曲，乃是與生活、慾望、生與死等緊緊結合爲一的「有機音樂」，它很快的被戰後嬰兒潮七千八百萬這一代年輕人所接受。新的流行樂形式，新的歌詞語言，新的思考方式開始萌生，那一代的作曲者希利曼（Ron Silliman）說：「老的文字消失，世界的實體開始出現。」浪漫主義的黃金時代，雪萊曾說過「詩人乃非正式的世界立法者」的名言，而六〇年代的西方，詩人的立法者地位卻讓給了通俗流行歌曲的作者與歌手。

六〇年代的西方流行樂曲爲這個時代的精神作了定義，各主要樂團或歌手的著名歌曲片段或金句充分的顯示時代精神。一九六九年十一月十五日全美青年在華府反戰，呼的口號是藍儂的著名字句：「給和平一個機會」，這個句子延續到八〇年代的歐洲反核子武器運動及今天的反對波斯灣戰爭運動。新的流行樂形式，新的歌詞語言，創造的是新的反叛與文明。一九八八年《時代》雜誌出版一九六八年二十週年紀念專號，特稱之爲「鉅變歲月」（Annus Mirabilis），是文化上的「過去與未來之戰」，而獲得勝利的無疑是「未來」。

那是個「詩意政治」的實踐歲月，音樂和詩成了改變的媒介。

全天下的爸爸媽媽
請勿批評那些你們不了解的。
(Bob Dylan)

當發現眞理只不過是謊言
你的一切快樂遂告凋亡
這時候難道你不需要任何人去愛？

(Grace Slick)

我們不要接受這些
而是打碎它，撼動它
然後把它丢到腦後！
(Peter Townshend)

宛若眞正自然的小孩
我們誕生，生就野性不馴
我們已攀登到如此之高
永遠不想和死神見面。
(Steppen-Wolf)

對他們，必須服從權威
儘管沒有一丁點兒尊重

他們鄙視自己的工作和命運
嫉妒的談論那些自由人
他們除了瑣事
甚麼也不做。
…………
金錢不會說話，只是詛咒
猥褻，他的眞正關切
宣傳、所有都語言如風。
(Bob Dylan)

朋友，你一次、一次、再一次的告訴我
你不相信我們已到毀滅之夕。
當電鈕被按，無路可逃
在墳場世界裡將沒有一人獲救。
(Barry McGuire)

你能讓沉默的羣山叮噹
傾聽天使哭泣
……
你握著通往愛與恐懼的鎖鑰
在你抖顫的雙手
一枚鑰匙可同時解開這兩者
只等你的一聲命令
(Jefferson Airplane)

在那個人間的上帝硬生生的按照自己的形象造人，空洞的話變成子彈，老的人用他們的僞善卻成了共犯的時代，流行樂的「詩意政治」使用新的語言來解釋權威和謊言，並爲世界添注想像、團結、愛情與和平。流行樂諷刺種族歧視下的暗殺（「哈蒂卡露兒的寂寞之死」）、諷刺古巴飛彈危機（「大雨下下來」）、諷刺下層白人基於補償心理而對黑人所作的歧視（「不過是權力遊戲下的爪牙」）、爲人的絕望而悲哀（「毀滅之夕」、「無路可逃、無處可遁」），因而人們遂開始憤怒（「燒吧！寶貝，燒吧！」、「街道鬪士」），他們期望更大的民主（「先知的語言寫在地鐵的牆上，寫在民宅的通道上」），鄙視假的權威（「伊甸園裡沒有法官」）、要求和平（「一個和平的時刻，我發誓還不太晚」）、追尋愛（「說出這個字，你就會得到自由」，「愛情的明亮迷離蝴蝶」）。他們期待的是個團結、友愛而神秘的快樂烏托邦：

嗨，老兄們，現在
向你的兄弟們微笑
讓我看到你們在一起
立刻的彼此互愛。

是的，在鑽石天空下舞蹈，
一隻手自由揮灑
身形被大海剪影
被歡樂的砂礫圍住

所有的記憶和命運
深深的在浪花之下驅動
讓我們忘記直到明日之前的今天
嗨，親愛的鈴鼓手，為我歌一曲
我未昏昏欲睡，不去別處
嗨，親愛的鈴鼓手，為我歌一曲
在這叮叮噹噹的早晨，
我將與你俱往。
(Bob Dylan)

六〇年代的流行樂是新的曲式、新的語言，大學和專科學生清楚知道其涵意的不到一半，但「詩意政治」不是邏輯而是氣氛。新的歌詞如同「語言的孤兒」，不被庇護的結果也就是不受遮蔽，而能重新創造出有機的新語言和新概念。

Procol Harum 樂團以「蒼白的更白影子」而上金榜，BBC訪問主唱歌手蓋瑞布魯克的精采對話，說明了兩個不同人種的面貌：

問：你的歌三天之內卽上金榜，這首有點曖昧的抒情曲在講甚麼？

答：沒甚麼特別的，老兄！

問：拜託別這樣，當你寫歌時一定在想甚麼？

答：沒有……。嗯，嗯！

問：你是說，它只是句子的任意組合？

答：嗯，……有一點，……嗯，嗯，……。

問：但歌詞裏有一些獨特的句子，不是嗎？例如神廟貞女走往海邊等。

答：(表示驚訝)經過這樣的安排有這樣的感覺，這種感覺也可能會在歌詞的其他句子裏。

問：(惡意的)你認為寫的是好音樂嗎？

答：它只是一首歌。

問：我認為兩星期後它就會被大家忘記。

答：老兄，當然。

問：你不擔心？

答：不。

不同的概念語言，美國作家諾曼梅勒（Norman Mailer）有次在柏克萊加州大學演講時所說的：「要理性的討論美國介入越戰乃是不合邏輯的，這正如同理性討論希特勒之動機，以及超現實主義一樣的不合邏輯和猥褻。」蓋瑞布魯克的歌是一種更加青年化，個人化，有心理機轉意義的新形式，他也代表了更加後現代的一代。也正因此，二十年後的現在，人們才說當時的流行樂革命乃是下個世紀新文明的預演，而它的起源卻是最古老的民歌，而民歌與民間故事等一樣，都是義大利思想家格拉姆西（A. Gramsci）所說的，乃是「非哲學家的哲學家」，是「知識的第一度思考」。流行歌曲可以成爲文化革命與新生的一種中介，縱使在這個媒體及傳播公司控制了一切的時代。

也正因此，臺灣的流行曲和它塑造社會及人們心靈的過程，也就值得做縝密的思索與分析了；從滬式的頹廢新舊小調，到平凡且格律化的抒情曲，東洋爵士風的感傷濫情，而到七〇年代的校園民歌和鄉土民謠的出現，以至於現時的「新前衛」和「龐克搖滾」，我們的曲與詞如何的在生變？純粹仿抄西方的流行，走向中國音樂型式的大傳統，以及地方化小傳統，這三者之間的會合究竟有無可能？或者，流行曲是否能在整個文化生態的革命性變化中成爲主要的媒介？進步的樂評家波格士（Carl Boggs）及普拉特（Ray Pratt）在一篇合寫的論文中說：「音樂從未脫離革命及改變之外，反倒是社會改革者自外於音樂。」而臺灣會不會有「詩意」的政治出現？

一九九一、一、三十

政治語言的文化分析

英國政論家米諾格（K. R. Minogue）曾經這樣說過：「大量的欺騙，乃是任何體制運作的必須。體制內的人們，各有各的目的，彼此憎惡，唯有欺騙始能將這種憎惡壓抑而讓大家共事。……政客們經常需要掩飾他的眞正意向，以待時機的到來。由於時間拿捏的準與不準，經常決定政客的成敗，因此他們遂必須常常花言巧語或語言乏味的講些含混曖昧的話。這種語言的方式，需要高深的技巧。」

由於政治的語言中有大量的欺騙，而政治人物又必須不斷的製造語言，英國首相佘契爾夫人就坦白的承認：「像我們這種專門搞政治的人，最大的麻煩就是：我們必須講許多我們想說的之外的話。」因此，英國的政治人物最怕的乃是像電視訪問員羅賓岱(Rabin Day)、評論家伯納列文（Bernard Levin）這樣的人。他們兩人專門記憶政治人物以前講過的話，並作今昔對比，戳破政治人物講過以後早已忘了的謊言。

許多政治上的「名言」多屬「空言」，英國作家胡森（Kenneth Hudson）最近在《現代政治中的語言》一書裏，就分析了有關政治的標籤、符號、名言，然後評論說：「這些都是好主意，反正它對任何人都沒甚麼特別的壞處。這些都是高級政客的詩，而政客及廣告公司等，他們所搞的，本來就是詩！」

胡森說的可能眞正抓到了政治的訣竅：政治上的「名言」都是詩。歷史上幾乎絕大多數的著名政客演講稿，如果眞的細心再讀，或許就會發現，它們韻律優美，音調如金，但卻都沒有甚麼特別具體的東西——而詩本來也就是不必要有內容的！

政治的語言，尤其是名言都是詩，在一個民主的時代，任何詩都會慢慢的變舊，而被其他的政治名言製造人換新。如果將政治名言與製造者的行爲相連，或許又會發現，這些名言是不能揭破的障眼工具。也正因此，胡森在他的那本書裏說道：「如果我們有笑的勇氣，就會發現這個世界實在充滿好笑的事！」

由於政治的名言多虛妄，林肯一八六三年的蓋茨堡演說，儘管全篇多屬空話，但倒有一句切中肯綮：「世界上的人們，不太會注意，更不會長久記得我們在此地所說的話，然而他們將永遠不能忘記這些人在這所作的事。」語言如風，即將漫失，切實的做，或許才眞。

政治人物的語言經常穿幫脫線，美國開國元勳傑佛遜、被認爲解放黑奴的林肯總統，都有過這方面的例子。

一般人均認爲傑佛遜主張自由民主，但少有人注意他曾講過這麼離譜的話——「自由之樹必應常由專制的鮮血澆灌！」而一般人將解放黑奴和林肯相連，彷佛黑人得以自由乃是林肯的豐功偉績，其實眞正的歷史絕非如此，林肯就有過這樣的名言——「我應當聲明，我個人由過去到現在，都未贊成過黑白人種應同有平等地位，也從未主張過黑人應有投票權，或充任司法陪審權，也未願意黑人充任官職，或和白人通婚。」

傑佛遜和林肯的這些穿幫名言，眞正顯示的是政客的本質——他們總是見人說人話，見鬼說鬼話。

儘管政客本來就是風向鷄，但政治與道德一向糾纏，政客不但需要「語言美容」，適當的符號運用以及聽來鏗鏘有力實則內容空洞的「名言」，也不可或缺。

二次世界大戰以後，高級政客的專業「語言美容師」——即「講稿槍手」和「形象設計師」開始出現。這些「語言美容師」的作法是：替高級政客用一個獨特的名辭包裝起來，使其具有特色——儘管這些名辭其實毫無內容。另外則是創造出一大堆美麗的政治文藻與口號，供政客們使用。

於是，繼小羅斯福總統的「新政」(New Deal)之後，杜魯門的標籤是「公政」(Fair

Deal)，甘迺迪則是「新邊疆」(New Frontier)，詹森則是「大社會」(Great Society)。對這些美國總統，這種語言「標籤」乃是一種「區隔」的方法，他們用了這些標籤，就等於擁有了一個屬於自己的時代，但今天回頭再看，除了「新政」之外，誰還記得其他？

語言的標籤化之外，另外則是符號的運用。政客使用符號，在美國最早的是林肯。他的演講稿裏充滿著各種自貶的符號，例如「我這窮人」、「我這老朽人」、「我這無人理睬的人」、「我這憔悴乾涸的雙眼」。這種符號的策略是透過自貶而使自己偉大。

而在英國，早年的勞埃首相（David Loyd George）也是嫻熟符號操作的高人。他的演講稿裏充滿著山巒、激流、巉巖的描寫，用以突出人的搏鬥與征服。

至於邱吉爾首相也不稍遜，英國的國家標誌之一是競獅，獅也是邱吉爾演講稿裏的主要符號，寓意當然是「愛國」、「奮鬥」等。

而所有的這些，在甘迺迪總統時達於極致，他的符號操作從身體開始——一隻手插褲袋，一隻手高舉——前者代表年輕瀟洒，後者代表信心。

身體的符號之外，「名言」當然更加無法避免，甘迺迪說「不要問國家給你甚麼，要問你能給國家甚麼！」這句內容可以作各種解釋的名言，音韻鏗鏘，而他一九六一年的就職演說裏，這種夾雜了天主教情感的句子更是泉湧——「讓我們宣佈，從此時此地起，……對於那些所得甚多者，必須多所要求；我們將不惜一切代價，擔負起任何責任，迎著一切困難，支持所有的朋友，反對一切敵人，確保自由的生存與權利……。」

近年來，新興了一門學科，叫做「幽默社會學」，研究幽默與笑話的社會成因與功能。對於半民主或不民主的國家，「獨裁」的笑話特別多。原因是「獨裁」與「民主」乃是兩套不同的邏輯，「獨裁」時代視爲理所當然的事，用民主邏輯來看，自然就成了笑話。

如果我們有笑的勇氣，臺灣就是個政治笑話的最佳產地——而且都是活生生的笑話，絕非杜撰。

例如，我們的總統提名競選夥伴，他的理由是：對方是個「沒有聲音的人」！

例如，前高雄市長參加洪門的成立大會，公開表示：「今後的治安，洪門兄弟應多負起一點責任。」

例如，軍監典獄長將雷震日記焚燬，被質問時卻說：「燒了就燒了！」

例如，一名資深立法委員習慣於代人投票，被人揪出時說：「以前都可以，爲甚麼現在不可以？」

有關「幽默」的解釋裏，有一種理論認爲，幽默是「矛盾的揭露」，兩種對立的邏輯，它們在各自的邏輯領域裏，可以講得通，但換了另一個邏輯領域，則全然矛盾。而民主的邏輯領域卻是個更高的領域，於是「獨裁」的笑話與名言遂層出不絕。

只要有笑的勇氣，我們還會有更多的「名言」與笑話。

這個世界充滿了膨風的、空洞的政治名言因而反側襯出了華盛頓總統任滿離職演說的價值——「檢討我在任期內所作事，我不感覺有故意的錯誤，但是我很明白我的缺點，我不以為我沒有犯下很多錯誤，不管這些錯誤是甚麼，我懇切地祈求上帝把這些錯誤可能產生的壞處予以避免或減輕；而且我也將懷著一種希望，希望此後我的國家永遠寬容這些錯誤。我秉持正直的熱誠獻身為國家服務，已經四十五年，希望我因能力薄弱而犯的過失，會隨著我長眠地下，而沒沒無聞！」因為，這才是一個眞誠而可愛的老人！

一九九〇、六、十四

解讀「文告文學」

英國政論家肯尼士胡森（Kenneth Hudson）說過，所有的政客縱使不明顯，但也必然多多少少有點精神分裂症；只有在他們的本能告訴他們安全時才會講眞話，但政客卻注定不可能安全，他們無法逃避政敵的追踪。於是，政客的語言遂在兩種極端間擺盪：

一是構築起沉默的深谷，政客隱匿其中，而逃避喧囂的世界。

一是建造起充滿迷幻符號及譬喩的高牆，以模糊不見而阻擋一切攻擊，並在符號譬喩的迷幻色彩中給自己增添光輝。

因此，將最高統治者的「文告」當作「文學」來閱讀，或許卽會發現它的特色也是在兩個極端間擺盪，一端是平庸至極的沈默與寂靜，吸吮不到任何營養；另一端則是高度虛矯華麗的符號及譬喩堆砌，閱讀文告如同閱讀中國的駢體文，美麗的辭藻、金句、譬喩，鋪陳出一種拿捏不住的時代氣氛。政客變成了詩人！

以英國首相爲例，第一次大戰後有五個最寂靜的首相——波納羅、鮑爾溫、張伯倫、艾特利、道格拉斯荷美。貧乏的時代，貧乏的政客，貧乏的文告。鮑爾溫首相的表兄是英國大詩人吉卜林，他曾捉刀寫過文告，也同樣貧乏無味。直到第二次大戰之後，世界上才正式有「文告槍手」（Ghostwriter）這種合法的職業，在此之前，文告均由政客自行執筆，政客有若作家，文告則如創作，平庸的文告是平庸的「文告文學」。

陶醉在「文告文學」中最著名的是一九一六至二二年間出任首相的勞埃（David Loyd George），這位有「譬喻大王」稱號的政客出身威爾斯，威爾斯的山巒、激流、雲霧岫嵐、風雷閃電，統統進了他各式各樣的文告中。他的「文告文學」強調征服自然、人定勝天，是雄性意志的勵志文學；此外，他的「文告文學」也充滿嚇人的暴力。例如，德國實施無限制潛艇政策，他的文告就說「狼羣在深海的原始叢林中逡巡」，英國船隻恍若「在充滿鯊羣的利齒之下」。

原本毫無文采、文告瑣碎餖飣的邱吉爾，卻被戰爭逼出了「文告文學」的聰明。英國的徽章有一對直立並張牙舞爪的競獅，於是獅子精神遂成了他文告中反覆出現的譬喻；那種千百年來用之不厭的光明黑暗那一套文字遊戲，當然更是依樣抄襲。邱吉爾的「文告文學」中還有過一些美則美矣，但卻恍若天書式的文字——「安全將是恐怖的勇敢兒子，生存則是毀滅的兄弟！」

至於一九五七至六三年擔任首相的麥克米倫，則在「文告文學」中大量使用有關性的意象，被敵人潛在威脅，他一定說成「避免被蹂躪強暴」；從事防衛保護，則說成「要堅守貞潔」。難怪有一名內閣閣員後來說：「幾年部長下來，差點沒有變成性無能！」

英國的「文告文學」高度發達，戰前的麥唐納首相專從《聖經》找靈感，甚麼「光」、「鹽」等字眼用得一點也不厭倦。戰後的威爾森內閣，則有「金句家」之稱。到了佘契爾夫人時代，以著名於英、美同時串走在唐寧街和白宮之間的保守策士蘇利文（John O'Sullivan）爲「文告槍手」——此人曾任《紐約郵報》社論版主編、倫敦《泰晤士報》首席政論作者，佘契爾下臺後到美國任保守刊物《國家評論雜誌》總編輯——於是，超級右派的「文告文學」開始出現。佘契爾夫人的文告是有右派哲學內容的文章。「文告槍手」在她手上高度發揮功效。這在美國，卻有更久遠的歷史。

美國的文告，在第二次大戰之前，多數均爲總統自己在秘書的協助下寫作，有些更是獨力完成。林肯的《蓋茨堡宣言》文告卽在兵馬倥傯之際獨力寫成。這些早期文告是「美國國家建造神話」（Myth of State Building）的主要組成部分。它的特性是充斥著道德、正義的感性術語。只有將它們視爲「神話」來解讀，才能讀出它的訣竅。

戰後的美國總統文告，從甘迺迪開始，將「文告槍手」制度化，政治開始變成「表演」與「包裝」。第一個「文告槍手」大概就是「哈佛幫」出身的古德溫（Richard Goodwin）——他的妻子因此而成爲取得寫《甘迺迪傳》和《詹森傳》特權的著名傳記家。

「文告槍手」出現，文告遂變成重要的表演術。歷任總統的就職演說和國情諮文，都必然出現一大堆內容其實極爲空洞，但卻音韻鏗鏘、相當「金句化」和「勵志哲學化」的口號。甘迺迪當年那句名言「不要問國家爲你們做了什麼，要問你們爲國家做了什麼」，不就是一句從左邊立場、從右邊立場都能讀得通的「有意義的空話」！文告成爲表演技術的一部分之後，「文告文學」就和一切文學一樣——初起時的確是有話要說，說到最後就變成爲說話而說話，而一切爲說話而說話的文學，也就是文辭極佳、模糊的口號標語以及金句不斷、但卻硬是沒有內容的文字。

戰後迄今，三十年的「文告文學」，各種好聽的話已講光，模糊但美麗的文辭已用盡，於是，「文告文學」慢慢走到了它的盡頭。布希上臺後第一次國情諮文報告中最前面的一章，是歷任總統最重要的文告，布希找的是雷根那裏借來的「文告槍手」佩姬魯蘭（Peggy Noonan），寫了四星期，布希親自修改，五易其稿，結果是其爛無比，最後是大幅刪減，草草幾分鐘就把這部分打發。佩姬魯蘭自己都承認：「布希的文告沒有重量，不能感動美國人民，它不是一種使人們燃起希望和憧憬的文件。我們已進入一個不再是修辭的時代！」

對美國而言，佩姬魯蘭所說的「不再是個修辭的時代」，或許眞說對了事實——美國人民聽夠看夠言辭華麗、彷彿能感動，但終極卻了無意義的「文告文學」，這時候的「文告文學」就已死亡。修辭再好的文告不過是虛幻的包裝，當它對人民沒有意義時，對政客本身也就失去了意義。

因此，「文告文學」已失去了意義。但對西方而言，它在以前至少曾有過意義。而臺灣卻不然，我們的文告，從來就是空洞的浮文，四平八穩，官腔官調，既無內容，也無辭藻，一如臺灣的政治風格及官僚習性。「文告文學」是政治的拓本，從臺灣的「文告文學」裏不正可以看到我們政治的基本面向嗎？

一九九一、十、十

自戀

——三毛之死的文化解讀

新的社會形成需要新的人格形式、新的社會化模型，以及人們組織自己經驗的新方式。自戀主義的概念，它所提供給我們的並非簡便的心理決定論，而是了解近代社會變遷對人們心理衝擊的方法。……當前廣泛存在的社會條件，似乎正將自戀主義的性格、程度不等的注入每個人之中。

美國社會哲學家拉雪（Christopher Lasch）

這是個艱難的時刻，萬事皆失去了座標，而人則被貶成一組組浪費了的熱情，受到孩子氣似的「無助／萬能症候羣」的折磨；忽焉充滿無能爲力的挫敗感，一旦獲得掌聲，「自我」這個小小的內核卻又以無限的速度膨脹，低谷高潮的來回振盪，熱情消散在虛空之中，而「自我」卻終究不能沈澱成「我」。

於是，膨脹了的「自我」只能像漂泊的荷蘭人般的去流浪，在被肢解了的世界圖象裏各個不成片段的島嶼間穿梭，而「自我」的失去重量卻使它終極無法在某個處所停駐。這就是自戀——「自我」的第一個詛咒。漂泊的「自我」在名利、異國流浪、膚淺的人際關係、眞善美的空虛範疇之間淺嘗和幻想；它生活在貌似宏大、其實卻極狹隘的回聲世界裏，所聽聞的一切都是被折射變形了的「自我」原來的聲音。自戀者沒有他人，不追求人的相互以及共同完成，甚至於，自戀者也沒有自己，而只不過是被「自己」裏面那個「他者」所遮蔽了的靈魂，在這個自戀的世界裏，我們有了三毛，以及有關三毛的諸般種種。而人的個性又經常是社會特徵的投射；於是，三毛的受苦，其實所摹寫的也是我們的受苦，一種被「虛假的主體性」所折磨而造成的精神失序。它是自我毀滅的權力意志；是對影像的著魔。

因此，自戀是一種「主體性的疾病」，也是「權力意志的病理學」。自戀的原典是臨池一照，因而愛慕自身影像的納希塞斯。在這個典故的外顯意義裏，就已說盡了自戀的基本特質：

■人是具有「視野能力」(Capacity for Vision)的生命，而「視野能力」則是確保人的實現之可能，然而自戀卻否。

它將視野投向自身的影像並崇拜之，這意謂著它已不能再「看」，於是，「視野能力」

的實現遂被阻斷。

■被自身影像所魘魅，而影像不過是呈現，卻非實體。呈現決定了一切，並成爲比現實更加實在的主體。因而它是「虛假的主體性」，並與所有的他人斷裂。而對自身影像的魘魅有如中蠱。這其實乃是一種巨大的自我毀滅，一種導向於死滅的權力意志。自戀者不可能愛戀他人，除非對方已死亡，不再變化的客體才能成爲注解自戀者的一枚注腳。

■正因爲自我影像的崇拜所穿透的權力意志，自戀的核心乃是一種「璀璨的──表現型的權力衝動」(Grandiose-exhibitionistic Power Drive)，自戀與表現合一，表現並成爲自戀主義回饋環裏的核心部分。

因此，我們應當如何看待三毛的自戀？她與父母的關係惡化，不一致的精神反叛，夢幻似的流浪神話，以及對於身邊瑣事的虛假暴露，甚至臆想中的壯觀死亡佈景？

所有的這些，在有關自戀主義的研究中，都已不能算是陌生現象。謝瓦茲薩蘭(Nathan Schwartz-Salant)即指出，自戀乃是時代的問題。它是人們的新的自我影像在轉換期所發生的失序，他無能或不願繼續人格的發展。於是，「自我」遂無法成就爲「我」。「自我」這個無用的熱情，倒反過來，變爲「被拒絕的愛以仇恨的方式回返自身」。

因此，自戀主義者恆常受苦，它被「影像權力」及「權力影像」所穿透。「自我」的膨脹和惡魔般反噬的衝動，使其總是在失去與嫉妒、挫折和狂熱、柔弱與憤怒之間震盪。其中，一個極端是自我的萬能、旺盛的支配意志；而另一極端則是脆弱至極的窒息與迷亂。兩頭茫茫的結果，就是柯胡特(Heinz Kohut)所謂的「敏感、幻想、自我扭曲」的出現，自我的影像組成幻象，而所有的經驗均被幻想重新揉捏。幻想是自戀者受苦的泉源，而同時卻也正是他鎮撫苦痛的鴉片。自戀成了封閉的惡性循環。

由於這樣的循環，自戀者對於他人的情感不可靠、不能持久、不能接近。他能體諒自己卻不能體諒他人。自戀者愛戀自己的影像多過一切，因而對影像之外的一切都是淺淺的嘗試，墨漬未乾即已逃離。他不盯著過去、也不盯著未來。他拒絕家庭及社會的紐帶，但並不因此而挺立人間。自戀者拒絕一切，卻不拒絕掌聲，而這也是自戀者恐懼衰老的眞正理由。自戀因此是一種幻想式的表演。拉雪特別指出：自戀症的作家不意圖表達實體，而喜歡依賴自我表白以滿足人們對名人的不健康崇拜。依靠虛假的自我暴露來獲得同情和鼓勵，因而成了自戀者的表演場景。

而浮淺是重要的，自戀者從不專注於任何問題或領域。這源起於迷戀自我影像之後，他的感受與愛的能力已相對的淺薄化，剩餘的就只有常識，以及被幻想所重新編織過了的常識！

因此，列文（David M. Levin）爲文論稱：影像及受苦之關係乃是自戀症的本質。而奧康諾（James O'Connor）也認爲：這是種人格危機，人格的各相關因素在自己的裏面交戰，並使得人因而「自我涸竭」。

從這樣的角度看三毛的自戀與種種，如果人們加以苛責或嚴酷的批判，那就未免是一種獨特的殘忍。「自我」的詛咒對她不捨的追踪是她不幸的苦痛，而「許多社會都以個性的方式再現它的文化」，三毛的自戀與受苦，換了另一側面，不也正是我們這個時代的共同文化特徵？

自戀作爲一種文化特徵而出現，其實早從啟蒙時代開始，那顆最初的病原體就已被悄然埋入。這也是尼采所說的：「當代最廣泛的特性是：人們在觀看世界時，已失去了自我的尊嚴。」從啟蒙以來，人就面臨上帝已死而人自己必須肩負起上帝的蔭庇的角色。人的主體性被擡到無以復加的高位。然而，在這樣的人格轉換過程中，「自我」卻被各種過度膨脹的意志所俘獲（不論其名稱為「權力意志」／尼采語；「一廂情願之意志」／羅洛梅語；或「不健康的意志」／威廉詹姆士語），於是，原本意欲擡高的人卻反而跌落塵埃，「人成爲無物」，「人被自己裏面的他者的力量所遮蔽」。這是人的異化（不單單是人在生產關係上的異化，政治及社會過程中的異化），而眞正核心的部分則是「我」和「自我」的被切割——

「我」的異化。近代人類的基本文化風格是虛無主義，而自戀症則是虛無主義的一種獨特形式。到了所謂「後現代」的這個時刻，原本尙不過是以潛抑的形式存在著的自戀主義，卻開始逐漸在諸神之中脫穎而出，成了尊者。

以政治及工商官僚體系而言，由於階層分工的複雜化和例行化，它已愈來愈爲自戀者準備了舞臺。自戀者誠然有受苦的一面，然而「璀璨的」表示型的權力衝動」卻使得自戀者反而更加契合了政治及工商官僚體系的需要，表演、璀璨、常識、虛假的自我暴露，卻又能避免緊密人際關係的出現。自戀者反而能在政治及工商官僚體系中邀獲倖寵！

當然更不必說整個媒體世界所鋪陳出的世界大圖象了。在這個媒體時代，影像及符號早已脫離了實體並組成較實體更加實在的「超實體」，世界本質的複雜性早已讓位給了簡單的常識、幻想，以及名人自我暴露的瑣聞瑣言，一切事務存在於媒體時它便存在；不存在於媒體時便自人們的記憶中隱退。媒體蛀蝕了責任，卻只賸下情緒與表演，因而它也爲自戀者提供了舞臺。蘇姍桑塔（Susan Sontag）在解讀照片時曾指出：照相之中藏有自戀的特質。其實何止照相，在媒體時代裏，媒體與自戀已悄然的搭上了鉤！編織幻想、表演瑣碎，而不再肯定幸福感的追求，不祈求改變人們本質不快樂的異化現象，簡單化及平面化的思考……這一切莫不顯示，「自我」在膨脹，甚至於它反彈出來的反體制事務也成了錢幣的另個側面。拉雪卽曾指出，六〇年代西方的反體制文化裏，諸如消費型態的性解放、暴力的虛無化、對於毒品的放縱等等，莫不是大自戀文化架構下的附屬反結構。自戀不是一個人或兩個人的「自我」失序，近代社會其實已被自戀所穿透，而形成一組「自戀文化」，但是人卻更加的在「無助／萬能症候羣」中漸漸窒息！

於是，不甘被這種高低潮起伏而窒息的人，遂有了另一種選擇——「嘲諷」。而不多不少，犬儒式的嘲諷卻又是自戀症的另一個面向。它是「否定性的啟蒙」，一種純粹的言辭智巧，快速變爲空氣的小聰明；同時，它也是一種「被啟蒙了的虛假意識」，和世界以及改變世界的實踐全然無關。「嘲諷」有兩個成分，一是道德主義，總認爲自己比別人高尚而好；另一則是笑謔，認爲自己比別人聰明和相信事情比看起來的樣子更簡單。而「嘲諷」卻使得它成了不被實踐檢證的空洞「自我」——另一種的「自戀」。

這就是人類的新文明：「主體性的疾病」。人失去「看」的能力，失去對他人他物，包括環境的「掛慮」。現代這樣的文明，原本應當出現一種新的人種——他們不必上帝的蔭庇卽能相互的護佑，不必統一的共識也能在尊重與溝通下相互完成，不需正義的概念而能維持住公道。而這樣的人種難以期待，在這種新人種的人格未能經由轉換而出現前，老人種的自戀主義者已僭越了新人種的位置。他們誰也不愛，愛的只不過是他自己！在這個舉世皆病的時代，病的何止三毛而已！

一九九一、一、十一

臺灣的政治漫畫

歷史總是充斥著不平衡的發展：在東歐、亞洲、拉丁美洲等「民主發展中」的國家激越地爭取民主，連帶的各種工具性表達方式如政治漫畫、政治笑話也大盛的時候，歐美等國家的所謂民主卻日趨疏離犬儒，政治漫畫及政治笑話也都不再尖刻，而只是戲謔。人們不再熱衷於政治的同意或不同意。

對於政治及意見表達方式的兩極化——一者激越，一者犬儒，正確的解釋或許是，民主乃是爭取免於迫害的過程，當迫害日益減少，民主也就成了虛妄的手段。

西方第一個最著名的政治漫畫家，乃是十六世紀中葉的老布魯格（Pieter Bruegel the Elder）。那是馬丁路德宗教改革的時代，共識混亂而無法聚合，簡潔易懂而又有力的政治漫畫，首次發揮了表達意見、評論時事的功能，也開啟了現代的政治漫畫這種表現形式。到了十七世紀後期，荷蘭由於自由共和思潮大盛，加以畫家及銅版畫工雲集，成了當時政治漫畫的中心，最著名的政治漫畫家爲霍格（Romeyn de Hooghe）。而後，英國又出了一個近代諷世漫畫巨匠霍加特（William Hogarth）。政治及諷世漫畫在這些先驅人物的開創下，到了十九世紀已固定成爲一種政治表現方式。

十九世紀後，歐美各國專門性質的政治及諷世漫畫雜誌大盛，而且在現實政治上也發揮過極大的影響力。

例如，法國《逆耳之聲報》（*Le Charivari*）乃是世界第一份每天都大量刊登政治漫畫的報紙，它對路易菲利浦的倒臺有很大的決定性影響。

再例如，十九世紀初，美國政治腐敗，紐約民主黨政客崔依德（W. B. Tweed）控制了「坦曼尼會社」（Tammany Society）（因為設在「坦曼尼大廈」而命名），它是個政治黑幫，無惡不作。當時，美國政治漫畫開山鼻祖納斯特（Thomas Nast）在一家《李斯利週刊》擔任漫畫作家，對崔依德不斷轟擊，終於將他弄垮。「坦曼尼會社」在稍微詳盡一點的美國政治史上都會專章處理，作爲腐敗政客的樣板，而納斯特以政治漫畫將他轟垮爲止，也就成了政治漫畫家最大的事功。當時崔依德對納斯特甚爲恐懼，有一次甚至大叫：「拜託不要再登這種狗屁漫畫了，我不在乎報上怎麼罵我，反正沒有幾個人看得懂，可是每個人都看得懂這些狗屁漫畫！」除了轟垮崔依德之外，美國政治上的許多重要符號，例如驢子代表民主黨，大象代表共和黨，無邊便帽及便當代表工人，也都是納斯特的「發明」。

作爲政治意見或態度表達形式之一的政治漫畫，它的盛衰自然也就取決於政治氛圍的變化。愈是政治混亂，政治漫畫就愈有表現的空間。十九世紀的歐美，一九三〇及七〇年代，都是民主內容的創造年代，政治漫畫也都格外精采。然而，進入八〇年代之後，西方開始出現「整體的沈悶」——這乃是一種「不滿意中的滿意」之境界，自由民主的內容與形式又告穩定，福利國家制也更加發展，再加上一切又都被消費化及庸俗化。公共事務已乏人關心，用杜克大學兩名政治學家英特曼（Robert Entman）及巴伯（J. D. Barber）的術語，那就是已出現了一種「沒有公民的民主」（Democracy without Citizens）的新政治形式。儘管他們的這種說法有待商榷，但不容否認的是，由於政治相對民主的程度增加，對政治轉趨冷淡，殆已成爲歐美的主要趨勢，政治相當普遍的被視爲「蠢人之事」（Boobocracy）。

在這樣的氣氛裏，政治漫畫這種政治表達形式遂由以往的「爲政治而漫畫」，變成了「爲漫畫而漫畫」。美國七〇年代批判性極強，而且多次獲普立茲漫畫獎的漫畫家馬克奈尼（Jeff Mac Nelly）和齊普（Paul Szep）即認爲政治漫畫已變爲「揷科打諢的漫畫」。晚近以來，如果我們注意歐美的政治漫畫，或許就會發現，它在三〇及七〇年代那種尖銳激越的風格已告失去，代替的是冷冷的幽默，犬儒式的嘲諷，「作者——作品——對象」這三者之間的聯繫被切開，作者保持了某種程度的「隔離」(detached)。

政治漫畫是一種政治表現形式，同時它也是整體文化氣氛下的一環。當政治漫畫成為「插科打諢」，那並不是政治漫畫家的墮落，只不過顯示它是整個「插科打諢的時代」的一部分而已。

這種文化現象，最近這幾年已受到許多文化批判學者的注意——一個冷冷的、嘲諷的、犬儒的時代正在到來。政治漫畫昔日在西方所擁有的尖牙已被磨損，而成為一種「被啟蒙了的虛假意識」，人們不再對公共事務提出確切的主張並全力抗爭，反而是在知道眞實的虛妄性後，將各種態度轉變為一種犬儒心理，而後藉著嘲諷或黃黑幽默而排散，這叫做「被反省後的中和」。人們不再「實踐」，而只是作隔離式的「觀察」與「調侃」。憤怒的時代已過去了。德國學者斯諾特吉克(Peter Sloterdijk)的新經典著作《嘲諷理性之批判》即是申論此種現象最深入的著作。

政治漫畫可以是政治的武器，也可以使人「非政治化」，這乃是一切表現形式的可變特性。近年來西方新興起了「幽默社會學」，也同樣發現幽默可以是反抗的象徵，也可以作為團結的符號。工具性的範疇，它本身都無意義，它的意義取決於時代給它塡注的內容。

不過，儘管西方政治漫畫沒落，在民主仍然發展中的國家，漫畫、歌謠、笑話，種種可以承載不滿和希望的形式卻都大行於世。蘇聯有許多政治笑話家最近聲譽鵲起，拉丁美洲則笑話和歌謠當道，臺灣的政治漫畫也頗爲風行。在這些地區，除非國家或人的解放能一定程度的獲得實現，否則這些表現的承載形式也就不會終結。

政治漫畫是一種圖象的表現，而非語言的思辨，因此它遂能打動人們情感的絲絃。美國著名的漫畫家康拉德（Paul Conrad）認爲，政治漫畫家應當是個「憤怒的人」，透過漫畫來讓別人也憤怒。他不經心的這句話，其實正好點出了政治漫畫的最大功能——「讓人憤怒」。但「讓人憤怒」換了另一個角度看，也正是政治漫畫的弱點，它不能使人對錯綜的人間事作娓娓的分析陳述。政治漫畫在西方的盛衰過程，尤其是晚近的「隔離」及嘲諷表現，似乎已顯示出它已到了從事另一種改變的時候了。

民主政治仍是臺灣的新生事務，自然的，承載意見，表達不滿的政治漫畫也同樣的資淺。它於十餘年前偸偸摸摸的誕生，而後在夾縫中苟延殘喘，到了今天，它終於成爲被公眾認可的一種表達形式，不但在大眾媒體佔有一席之地，CoCo、魚夫、L. C. C.（羅慶忠）等人的專書亦達十餘册之多。

政治漫畫通常都是對統治者肚量的考驗，具有「絕對王權」性質的國家，政治漫畫都注定沒有生存的空間，十六世紀政治漫畫已在歐洲誕生，但十七世紀的高壓卻使它窒息。臺灣早年亦然，少數人曾嘗試政治漫畫，如已逝的葉宏甲，但卻付出牢獄的代價。只有反對力量漸壯，爭出一片空間，政治漫畫才能正式堂皇的出現。但也正因此，臺灣的政治漫畫遂被它生長的情勢所制約，而具有下述特點：

㈠歐美的政治漫畫風格脫胎於義大利中世紀後期的木刻及素描，筆法細膩，縱使現在的政治漫畫家也都具有一定的素描基礎，但臺灣初生的政治漫畫卻沒有這麼漫長的出生準備，相比之下，粗糙度自然較大。

㈡臺灣的政治漫畫與民主運動的快速成長有關，它是大反叛及歷史反彈時刻的產物，激越足多、細膩稍遜。但對既有政治秘思的解構卻也正因此而發揮了很大的影響力。

不過，從國內近兩年以來的漫畫出版品，值得注意的是，像CoCo及魚夫等，似乎已憬悟到政治漫畫工具性目標若太狹隘必然後日無多，因而他們都已開始將範圍擴大，「二馬」、「小說家」、「龍族」、「老馬餐廳」、「臺北．中國」都是這個脈絡上的嘗試。他們已開始走向關切「普同人性」的問題。這種轉向，其實也是一切致力於「表達」工作者在反省後必然會有的選擇，小說、藝術、電影，甚至漫畫，只有當它落實到「普同人性」這個層次，可能才是它的完成。

以個人一向喜好政治漫畫，對美國幾個主要的政治漫畫家奧利芬特、康拉德、奧特、麥克奈尼尤為喜愛。他們筆觸細緻、意旨均可再三反芻，而且不假文辭，對於臺灣尚屬新生事務的政治漫畫，可資借鏡處應當尚多。

一九九〇、五、十八

奇怪的金馬獎評審政治學

臺灣電影消費市場每年四十億，港片卽占了整整一半，儘管臺灣的「影評知識分子們」不斷企圖用「商業電影」的帽子來否定港片，但帽子人人會飛，自由的市場機制卻是檢證一切的最後準則，香港的電影在「商業」中卻誕生了許多既好看又有意思的影片：例如創造出新的電影語法的「威龍闖天關」及「新神雕俠侶」，例如在不落痕跡處鼓吹民族意識極爲成功的「黃飛鴻」……等。

因此，討論電影最好少用知識分子的標準，而多揣摩俗民大眾的意向。不好看的電影怎麼會有意思？把有意思的事情弄成一點也不好看，這種有意思只是虛假的另一種說教。觀眾自掏腰包看電影，二十億元不是造假。檢驗電影的最高準則就是必須好看而又有意思！

但在臺灣，「好看而又有意思」的影片已愈來愈少，絕大多數都是既不好看又無意思。由於時代氣氛的變化，近年來的臺灣電影突然由以往官式的「健康寫實」而一變爲它的對立面，於是「既不健康又不寫實」的影片大行其道，國語片沒有一兩段刻意諷刺山東腔中學教官的就不算時髦，閩南語片則例必「兩字經」（你爸）、「三字經」（×你娘），甚或「一字經」（幹）充斥，打著本土的招牌卻總是在做著蔑視自己語言的工作。這些都是「時代性的符號式耽溺」，然而，除了這些一看就知道是解嚴後作品的特徵外，幾乎全部的臺灣電影仍使用著那種電視連續劇的泄沓手法拍攝：黑道報復，一定要從踩上三輪車，騎上一大段，然後到達現場砍殺，燈熄之後還要摸黑砍殺喊叫好幾分鐘（「牯嶺街少年殺人事件」）；拍攝跟踪，就一定要從發動摩托車開始（「青少年哪吒」），除了這種講故事的方法之外，就不會換一種更精簡的方式。這種「有故事的紀錄片手法」是在浪費觀眾的時間。它在低估觀眾之時所掩飾的是自己電影語言的過分老舊。

而更奇特的是，由於時代的反彈，也彈出了一大羣這種耽溺於解嚴後符號的影評知識分子，他們在這個媒體時代當然也懂得「多媒體宣傳」之道，於是這些影片遂被大力商業性炒作（而這些人卻說港片是商業性炒作的電影），但觀眾永遠只會上當一次！

這就是當前臺灣的電影文化，它手法古舊，用畫面講故事的電影語法拙劣，卻自閉的用「好萊塢式」及「商業式」等帽子否定其他影片，一定圈子裏的影片就毫沒來由的歌頌，不是圈子裏就只好自力更生（如國語片「暗戀桃花源」），或自生自滅（如臺語片裏其實相當不錯的「失聲畫眉」(註一)，套用李登輝總統最近頗有反省意味的名詞，那就是臺灣除了政治上的「新孤立主義」外，眞正更嚴重的或許反而是文化上的「新孤立主義」，尤其是電影文化。

九二年金馬獎影展以「讓國片重回中國人掌聲裏」爲主題，九三年是金馬獎三十周年，它已被定爲「電影年」，我們的政府已開始大舉斥資獎勵電影，一部影片一千萬元猶嫌不足，仍將繼續增加，這種獎勵很容易就讓人想起美國貿易上的保護主義——美國企業家不自振作，競爭不過日本就要求政府支持。「保護主義」和「新孤立主義」都是技不如人的顯露，獎勵所能發揮的效果其實極爲有限，反而易於造成「愈扶愈倒」的「阿斗效果」，藝術的本質是自由，在自由中進行創造與提昇，臺灣的電影一如美國的工業，都是少了創造卻多了耽溺。國片缺乏創造性的結果就成了一場夢魘，而金馬獎評審似乎就是這樣的一場夢魘——夢魘是一種支離破碎，沒有邏輯的組合，九二年的金馬獎評審就是那麼的缺乏清楚的邏輯。

九二年金馬獎評審，它的委員組成結構有二：一個是成員不到半數的集團，它發言以及舉手相當集中，這個集團的見解有些不無道理，有些則明顯離譜，當它不無道理時，就能從超過半數的另外那些非集團化的成員中拉到游離票，或者與比較就事論事的非集團化成員意見結合。這個集團在初審時竭盡全力爲「青少年哪吒」護航，決審時則突變爲爲「無言的山丘」爭取一切獎項，有好幾位這個集團外的成員事後笑著評論「青少年哪吒」決審時居然沒有票的現象，認爲「這叫棄俥保帥，何況『青少年哪吒』早已下片了」。

任何「獎」都必然有其地域的特殊偏好，因此，在臺灣辦的「金馬獎」多頒一點獎給臺灣自己的電影，這也是人情之常，問題在於既然是獎，它也就必須有一些差堪講得過去的標準，但目前的金馬獎評審在集團主控下，卻少了這樣的標準，「無言的山丘」最佳導演獎有七名委員投票棄權，這個最佳導演獎其實得的也沒什麼光彩——「無言的山丘」基本上是個「劇本先行」的電影，它是臺灣電影裏講故事講得還算平順的少數影片之一，如此而已。

由於集團主控的特徵明顯，九二年初審和決審遂都各出現一次很「難看」的程序問題：

初審時，有一位委員適巧出國，開會之前曾對這一票如何計算有過討論，根據會議的正當邏輯，儘管這名委員已作好圈選，但他的圈選只應在討論前有效，在進入討論後即不再有效，但評審會卻未理會這種會議的正當邏輯，出席者居然也通過，最後是「青少年哪吒」以一票之差不能入圍，才又準備翻會議程序的帳，難怪鬧得惡形惡狀。

決審時，各種獎項都已決定，「青少年哪吒」大獎盡失，忽然又有人提案要給它額外的「年度最受矚目獎」，又有人提案要給某位以一票之差而未得獎的演員特別獎，開會開到這種程度，只能說「眞是敢啊！」幸而，評審委員們最起碼的格調還是有的，否則讓這些護航護到如此離譜的東西也出現，以後金馬獎也就可以不要辦了——在會上，倒是出現過好幾次對這種集團護航不滿的聲浪。初審時有位導演氣得說：「我們玩笑已開得太多了！」決審時，有位藝術家則說：「如果要這樣鼓勵，下次我們禁止港片參加金馬獎不就一切解決了！」這些都是金馬獎後面所躲藏著的「評審政治學」，它非常值得影劇科系的博碩士研究生將全程錄影及表決紀錄調出來寫一篇極好的論文。

而這種「評審政治學」也充分顯示在發言上。許多評審發言，都不外是他如何如何感動，他的朋友子弟如何感動云云，這些都是當今臺灣知識分子談論問題的固定模式，它的不自覺論述策略是不感動的就非我族類，這種運動式的政治語言大量進入金馬獎評審會裏，金馬獎變成了政治電影獎！電影已非藝術，電影即政治。當電影缺少開創性，它剩下的就只有咬口號了。

就以初審時被歌頌的「青少年哪吒」、「少年吔安啦」兩片爲例，它們其實並不像某些影評知識分子說得那麼有「實驗性」，它們使用的都是極古老的電影語言，如果拿它們和美國低成本製作的「鄰家少年殺人事件」相比，或許就可以知道臺灣電影不濟的眞正原因了——那就是對這個社會，對這個社會裏的青少年缺少了一顆眞正關懷的心，當心都沒有了，怎麼還會有好的電影！

九二年金馬獎參展的「霧都情仇」獲攝影獎爲例，這部近年來唯一的唯美影片，藉唯美創造怪異，讓人想到金羅素攝製的「拜倫故事」，但卻被許多人用一句「廣告攝影」就想打壓，對影評知識分子，「商業」、「廣告」似乎早已成了最容易使用的否定性名詞。

九二年的金馬獎評審充斥著臺灣當今文化「新孤立主義」的氣氛，而它是有幫派性的，由於有幫派性，顧寶明能得到最佳男配角遂最爲難能可貴，一位資深評審對「暗戀桃花源」未受重視這樣答說：「他們搞舞臺劇的撈過了界，而且賴聲川有自己的圈子。」

其實，臺灣的電影基本上仍是在手工業階段，它沒有「一體成型」的格局，外國片高度工業化，一體成型是它們的起碼要求，因此一部賣座的影片可以同時得到許多獎，而臺灣一部電影得到許多獎——就是把什麼獎都給它，就難免受之有愧。「無言的山丘」由於劇本好而可看，卻獲十一項提名，包括其實很有問題的技術性獎項在內，如果中影負責人尚有專業的期許，在這次得了許多獎而高興不已之時，可能也要羞愧到非常不好意思的地步。

這次金馬獎頒獎晚會上，有位香港導演說得最好，香港影片高度自由競爭，在競爭中掙扎成長，但臺灣卻有著較多包袱。舉例而言，以往金馬獎評審均屬文人，文人不可能欣賞「打仔演員」及「功夫明星」，因而成龍早已成爲超級明星，而且開創出獨特的電影類型及以生命爲搏的專業倫理，但卻始終與「金馬影帝」無緣。臺灣文化人和一切文化人一樣，總是以沉重爲重，不懂得喜劇的價值，當然也不會肯定喜劇演員，稍早前曾讀過美國麻省大學所出的《笑事——喜劇的矛盾》一書，作者薛秀（Scott C. Shershow）即爲亙古以來一切喜劇的被忽視而叫屈。這次金馬獎終於頒獎給了成龍，可以說是一大突破，但除此之外，金馬獎評審就似乎再也沒有了其他貢獻。

任何電影事業都是「心」的競賽，沒有「心」就拍不出好電影，沒有「心」也就無法建立起專業評審倫理。這次金馬獎評審過程裏充斥著太多缺乏專業評審倫理的事項，評審的語言有許多政治語言，但太少藝術語言：連旋律都哼不出卻也敢投下歌曲獎的票。……幸好的是，再大的玩笑也會落幕，而金馬獎也就在這種夢魘似的氣氛下皆大歡喜的結束。眞正高興的人大概只有兩個：一個是經獲肯定的成龍，一個是做夢大概也沒想到的陳令智。而眞正頭疼的或許是金馬獎執行委員會，面對著雜錯的而又難以拿捏的評審制度，下次金馬獎要怎麼選出評審。

一切文化，都取決於「生產者——評論者——接受者」這個環節的良性互動以及它們彼此之間的不脫離，蓋只有如此，三者之間才有可能相互拉拔並獲得提升。但在臺灣，卻缺乏了這種有機的結構體，評論者的「新孤立主義」日益明顯，臺灣的高中生是電影消費最大族羣，他們的邏輯是「評論者說好的一定是爛片，評論家用一大套概念名詞來罵的一定可看」，他們靠「口碑」看電影。經常是影片上演，班上先推出「試看代表」，回來後根據這種「口碑」而決定影片之好壞。至於大學生則當然多半是好萊塢影片的固定觀眾，「臺灣影片的觀眾在哪裏？」這個問題，眞正要問的或許應該是「臺灣的影評人在哪裏？」由於找不到觀眾，臺灣的電影生產者遂只好跟著港片跑，或者就是拍極少滿足了影評人但卻讓觀眾卻步的電影。臺灣的電影——如臺灣其他文化分支，都處於一種斷層狀態。金馬獎評審卽是這種斷層狀態的顯露。

而這也是臺灣電影的困境，我們不敢學好萊塢，好萊塢不講道理，只講商業，讓精緻在商業的競爭中自動鍛鍊出現，所以才會有「末路狂花」、「油炸綠番茄」這種女性電影，好看又有意思，也才會有「反主流」但仍然好看的「誰殺了甘迺廸」等電影，「好萊塢精神」反映在奧斯卡金像獎上，將近五千個影藝學會的成員以中間偏右的立場選拔影片。那麼，學法國坎城影展又如何？問題是法國以它整個文化及學院制度支撐出了一個舉世無雙的知識分子文化人霸權制度，它是文化創造及傳承的核心，而臺灣的文化並沒有這樣的傳統，也出不了建立在它之上的影展制度。那麼，臺灣的金馬獎評審究竟何去何從？

九三年是「電影年」，第一步，請先讓觀眾看幾部既好看又有意思的電影，而於此同時，則是讓我們看看既關心本土，但又不在本土的帽子下罹患自閉症，而眞正向世界開放的評論人！

一九九二、十二、二十

性與文化批判

古典文學導讀

身體是一種罪惡

好萊塢出現一種新風氣，許多白種女人將薄嘴唇改爲黑種女人的厚嘴，認爲這才性感美麗；而黑女人則又熱中將它變爲高加索式薄而微翹的形狀，她們也認爲這才美麗。

除了嘴唇，服裝上也是如此。黑人的穿著樣式大量的被白人模仿，而白人的穿著樣式也被黑人抄襲。這些認爲別的種族才美麗，竭力要將自己在外表上變過去的人，已有了一個新的名詞，被稱爲「變型族」(Wannabees)。

「變型族」絕大多數當然都是女性。許多學者專家認爲這是種好現象，因爲它代表了「美麗」、「性感」的定義更加的多元化。因此，這是一種「進步」。白、黑、褐、黃，各色人種對「美」已能相互接受。甚至一些赤道民族焦黑的膚色也不再被視爲怪異。

比起以往黑色女子拼了命的洗頭髮，想要把她們的鬈髮洗直；拼命喝牛奶，以及用漂白粉洗澡，想要皮膚變白；以及黃種女子，甚至越南前總統阮文紹及阮高祺的妻子，都要去加大眼眶、隆胸豐臀，仿效《花花公子》封面女郎的標準造型，「美」的多元化，當然已是進步。問題卻在於，這是一種悲歌式的進步，因爲它似乎更加顯示了女人的困局——女人能玩的東西愈來愈少，因此只好一直玩自己的身體。從雙眼皮、隆胸豐臀、隆鼻，再到換膚、換嘴唇，玩來玩去始終未曾脫離自己那個「可厭的身體」！

近年來，西方影歌星盛行美容大整形，麥可傑克森和雪兒的故事都轟動一時，金像獎影后珍芳達爲了讓腰肢纖細若風柳，毅然決然切掉兩根肋骨的事更驚動各方。此後，換唇、換眉、換鼻更加勢難抵擋。女人對自己可厭的身體永遠不會滿意，既然身體可厭，最好的方法就是成爲「變型人」。「變型人」這個新名詞的出現，更讓人想起法國思想家富柯的一段名言：

> 人的身體是鐫刻著歷史的表面，人們用語言去談它，身體就在觀念裏被溶解。人雖然好像有實質的身體，但它只不過是分解的自我所賴以存在的地方，一個解體的體積……身體被歷史所雕刻，也被歷史所毀滅。

嫌棄厭惡自己的身體，將它極力包裝隱藏（時裝及化妝），用自己的意志力企圖將它改變（節食、強迫嘔吐、有氧舞蹈、健美），希望利用科技的力量將它局部或全部重塑（整形美容、矯正牙齒及骨骼，以及大規模整形），它的最終結果不正是「身體的毀滅」？身體是人，人即身體，而身體怎麼竟會淪落到被自己視爲可厭之物的下場？背叛自己的身體，終至毀滅身體，這種背叛是怎麼發生的？

人背叛自己的身體，早從柏拉圖時代即已開始，這就是靈魂和身體被分開的「靈肉二元論」——人有一個乾淨如天使的靈魂，卻有一個被欲念所牽動，引領我們下降的身體。因此，身體是「牢獄」、「枷鎖」、「陷阱」等譬喩，不斷的被引用。這種將身體當作「邪惡的外太空」的態度，在那個時代的用意，是希望藉著人對靈魂高貴無邪的認知，來導正人們做惡事的可能。

然而，人類的算盤永遠不會百無一失，所有的想法和作法一落到眞正的現實上，就會被當時最有力量的人或組織占用，而從這裏獲得利益和權力。靈魂高貴、身體邪惡的這種說法，第一個受益者是中世紀的教會，它是「靈魂工程師」的集合體，負責人們靈魂的淨化。教會的權力藉著這種說法而以「告解」的方式進入了人們的私生活之中，強化了人們「身體邪惡」的認知。

到了現在，第一個受益者的時代早已結束，這第二個受益者乃是服裝公司、化妝品公司、廣告界、電影電視歌唱的明星系統，以及圍繞著它們的營業、飲食、髮型、整容、生理及醫療系統。它們共同決定著女人的「美麗」與「性感」的定義，讓女人嫌棄自己的身體，這種例子太多了。

例如，稍早前，美國《魅力》雜誌調查三萬三千名婦女，七五%認為自己「太胖」。但同一時間，「大都會生命保險公司」的統計，卻發現只有二五%的婦女體重超過標準，反而有三〇%低於標準。這表示，客觀的說，美國女性不是太胖而是太瘦，但主觀的，卻都嫌自己太胖。這種差距就是人對自己身體的厭恨。這種厭恨，婦女問題學者金雀琳（Kim Chernin）稱之為「纖美的暴政」。

因為怕胖，美國每年逾五千人進行「截腸手術」，以減少營養的吸收，從而降低體重。一九八四年的調查，發現十三至二十二歲的女孩，大約每兩百人即有一人有「厭食症」。同一時間對學院和大學女生作調查，平均有二二%到三三%的女生以強迫嘔吐、利尿、通便藥劑來減輕體重。

「紐約厭食暨善饑研究中心」說，它每年接獲申請救助的案例平均以三〇%以上的速度成長。怕胖、追求美麗、厭惡自己的身體，以至於折騰摧毀自己的身體，女學者絲派爾嫚（Spellman）稱之為「身體恐懼症」。她說，男人對女人的身體的態度是一條路，只有他們持有單程車票。他們的態度使得女性對自己的身體充滿著不能控制的恐懼、擔憂和厭惡。身體成了女人終生要征服的唯一對象，而她們永無成功之日——除非等到某一天，除了腦之外，她們全身都能自由自在的換過。

「美麗」是所有女人的最大嚮往。因此，從小開始，害怕自己醜陋即成了女人沉重生命的開始，而她們卻又不能自行決定「美麗」的定義。在這個時代，「美麗」是由一大羣「美麗王國」的工程師來共同決定的，他們建造少數正面的美麗樣板，如布魯克雪德絲（二十歲級）、珍芳達、琳達伊凡絲、拉蔻兒薇芝（四十歲級以上），其他則都是負面的醜陋訊息，如皺紋、肥胖、皮膚粗糙等。美麗榜樣及醜陋訊息之間，那一大片永遠填補不滿的空間，就是一切與「美麗」有關的商業在攻占的市場，也是婦女無論如何也填補不滿的焦慮泉源。

最近，女性學者溫蒂查普吉絲（Wendy Chapkis）就在《美麗的秘密——女性及外型政治學》這本書裏感慨的說：「當男性正忙著征服自然和控制女性的時候，女性所能做的，不過是沉迷於控制著自己的身體。男人深信他們可藉著事功而長存，而女人卻只有她必朽之身體。」「而想要美麗，就存在於這個由期望及恐懼所建造的時空間隔之中。」所謂的「期望」，最典型的就是一份女性雜誌上所寫過的美好故事：

比莉高五呎十吋，重兩百一十八磅，她爲自己的胖而羞恥，下定決心減肥和鍛鍊，結果變成秀美女子，她有了選擇任何她喜歡的男人的本錢，而不必再上秘書班，等著幹無聊的女秘書。結果，她嫁的是個有兩億五千萬美元身價的闊佬。這是現代版的「灰姑娘傳奇」，它的必要條件是節食和健身，再加上好好的打扮。然而，這個現代神話卻被珍芳達的故事所瓦解了。

一向備受爭議的珍芳達，曾是性感艷星，又是六〇年代反戰名人，接近中年後又大搞有氧舞蹈和為「自然美」作見證。一九八六年的《時代》雜誌說她是美國甚至全球富裕國家中年婦女的認同對象。因為她懺悔式的公開了許多為了追求漂亮而受苦的過程。她說：「社會要求我們瘦，由於我們大多數不能控制生活，因而只能控制重量，或者讓自己餓得半死，或者就是不讓自己變胖的吃，我喜歡吃，卻又要相當的瘦，因此，沒多久我就變成了善饑者——拼命的吃，吃完後就讓自己拼命的吐，一天多達十五至二十次，這是我最秘密的罪惡，沒有外人知道。由於大家認為我堅強而完美，這種弱點及心理病自然不能讓人知道。」

因此，她鼓勵中年婦女作有氧舞蹈和健美操，她賺了錢，成了「自然美」的樣板，而結果呢？她同時卻在從事消除眼袋、增大乳房，到了最後，則是切除兩根肋骨使腰變細。最有用的「美麗」方法，還是整形手術。

麥可傑克森的那張臉，鼻子至少已動過六次整容手術，下頷一次，還包括許多其他綜合手術，他不想讓自己的臉變成大人臉，只得藉整容永遠停留在青少年階段，這正如同珍芳達，不論強迫嘔吐或體操，最後最可靠的仍是手術。

而動整形手術的，當然九〇%以上仍是女子。女人的身體，上面被鐫刻著許多歷史，它的主軸卽是女人失去了「身體主權」的過程。因而她們只能不斷的去玩自己的身體，而這卻又是一個被動且不能解脫的過程，因爲「美麗」不由女人自己下「定義」，或許這才是一切的最後關鍵吧！

身體是女人的原罪，男子也同樣不能豁免。福賽（Sam Fusell）是英國牛津大學的畢業生，瘦高而羞怯，大學畢業後返回美國，爲了使自己有「男子氣」而去健身練肌肉，最後變成一個使用類固醇藥物的健美怪物，除了一身漂亮的肌肉外，無處不是病。九一年八月他寫了一本《虛幻健美者的懺悔錄》，大爆健美聖地美國南加州以藥物練肌肉的內幕，而成了健美界的公敵。

九二年一月，美國「食品藥物管理局」決定禁售婦女隆乳使用的矽膠，並委由專家組成小組，對矽膠隆乳重作研究評估。美國先行，法義跟進，矽膠這個邪惡帝國開始被人發現。

以矽來隆乳是戰後日本的傑作，賣春婦爲了投合佔領美軍的胃口而隆乳。而後，它被改良爲液態的注射法而帶到了美國的賭城拉斯維加斯，大約一萬名上空女侍和表演人員以液態矽隆乳作爲工作必需的投資。再接下來，則是它又被改良成膠狀矽，全美婦女有一至兩百萬接受過矽膠隆乳手術，其中只有二〇%是乳房被切除的婦女，而百分之八十都是爲了「漂亮」。一九九一年的一年內就有十五萬人做矽膠隆乳。

矽膠問題由於受到重視而被廣泛討論，人們才發現，半個世紀的以矽來隆乳，其實是個極大的「文化霸權」，它被一組意識型態的操作所支撐：

㈠它被一組「垃圾科學」(Junk Science)所支持。矽膠的生產廠商控制著它們「御用」的醫生，刪除矽膠不利於人體的資料，當然更不必說靠此吃飯發財的整型醫界了。美國女性專欄作家愛倫古德曼(Ellen Goodman)感慨的指出，矽膠注入人體，它連起碼的以動物來作模擬試驗的程序都不完整。矽膠隆乳就矇查查的用於人體身上，五十年來婦女就這樣成了「試驗品」。

㈡矽膠隆乳被整個「美的機制」所支持，以整型界爲例，它們就將小乳房定義爲「瑕疵」(Deformity)，「算是一種疾病」(Really a disease)。這種「美的機制」塑造出了婦女對自己身體的恐慌。對老和醜特別敏感，而就在這種恐慌之下，龐大的「美麗企業」才有永遠不慮匱乏的生意，矽膠隆乳只不過是其中的一個小環節而已。

㈢它也被一組虛假的「自由論」所支持，宣稱婦女隆乳乃是個人的自由選擇，美國婦女健康運動者艾瑟羅（Esther Rome）即認爲這簡直是種欺騙，因爲它並沒有提供給婦女足够的判斷資訊！

㈣而更重要的是，它也被政治所支持。多少年來，一直有國會議員提案要求對矽膠隆乳進行研究管制，但卻被矽膠生產者及整型醫界這個更大的勢力所阻止。

於是，就在這個有現實政治實力、有意識型態霸權的「美麗帝國」之前，婦女將自己的胸脯奉獻了出去。矽膠注入人體，它會在體內逐漸擴散，會影響機能，這是身爲試驗品的婦女大眾全然無知的黑盒子。

從男子使用藥物練肌肉到婦女用矽膠隆乳，它具體的顯示出：美麗和人們的身體都不屬於個人所有，而是被別人塑造的價值所誘導塑造。我們都有罪，罪就是我們的身體。身體使我們恐慌，它使得人們不但失去了身體，同時也失去了心靈。心爲形役，形爲心奴，從矽膠隆乳引發的種種來看，人們的解放仍遠得很啦！

一九九一、六、十

「幼齒崇拜症」與「洛麗泰情結」

近年來，兒童，尤其是女童的性虐待（包括猥褻與強暴）已愈來愈成為一個世界性的問題。

目前臺灣，事實上早已存在了促使「戀女童症」更加表面化和嚴重化的社會文化條件。近年來，我們社會的上焉者，已和西方社會相同，對女童產生了性崇拜。女電影明星茱迪佛斯特十四歲時，在影片「計程車司機」裏扮演雛妓而走紅；布魯克雪德絲十二歲時在「漂亮寶貝」一片中裸體而走紅；娜塔莎金斯基以「小女孩的面孔和魔鬼的身材」而成為新時代的性感象徵，她那幅著名的蟒蛇纏繞裸體的照片，有女童無邪的臉孔、成熟婦人的身材，以及曖昧的蛇「性象徵」，乃是上流社會對女童性崇拜的傑作。這些例子臺灣都不陌生。西方上流社會性幻想所形成的女童性崇拜，所造成的「兒童黃色文化」（Kiddy Pornography 指那些以女童裸照為內容的雜誌以及更敗德的女童黃色錄影帶等），在臺灣亦不陌生。至於下焉者，則或流連於雛妓，或者將性侵略施諸最無抵抗能力的女童，成了「幼齒崇拜」的種種形貌。從對女童的性崇拜，到對女童的性虐待，雖然在法律關係上有合法與非法之別，但其爲「戀女童症」則一，而在它的背後所潛藏的則是所謂的「洛麗泰情結」（The Lolita Complex）。

「戀童症」（Pedophilic）之中，對於戀女童者，稱之爲「洛麗泰情結」。命名所根據的是著名小說家拉波可夫（Vladimir Nabokov）於一九五五年所出版的名作《洛麗泰》（*Lolita*），描寫一個老人洪伯特和他的十二歲繼女洛麗泰的愛情故事。

拉波可夫筆下的洛麗泰乃是類似一個山林水澤的「小精靈」（Nymphet）。羅傑斯大學（Rutgers Univ.）文學教授查萊（Maurice Charney）在《性小說》（*Sexual Fiction*）一書中曾對《洛麗泰》有過深入的探討。他指出：「拉波可夫的小精靈概念乃是以觀念的雙重性爲其基礎。她是個暗示了種種成年女人特徵的未成年女童，她同時具有青春期和前青春期的特性，她是朝向某種尚未達到的方向而成熟中的女人；她代表了期望與許諾，但同時也是一種具有毀滅力的庸俗。……小精靈乃是徹頭徹尾的邪魔，她毀滅性的優雅，詭譎險詐的可愛，使她和其他女童截然不同。……她爲了施展她不可思議的魅力遂必然要是個妖童。但她自己並不知道自己的這種詭譎的吸引力，因此精神中蠱的觀念是必須的。……她只存在於注視她的人的心中，注視她的人定義了她致命的吸引力。……小說裏，洛麗泰被描寫成一個小聖母和小娼妓的綜合體。佛洛依德指出過，這乃是性生活中最常見的形式，性對象必須加以低賤化，這樣才能和其作性關係；但性對象也需要被提昇，這卻是爲了愛。這兩個趨向，使得兩性之間有著巨大的矛盾本質，由於無法獲得解答，因此遂擴大了娼妓式聖母被侵犯時的罪惡快感。」

《洛麗泰》書中的男主角曾說：「雖然我們不斷爭吵，雖然她的淫猥，雖然她造成許多紛擾，她的低俗和危險，以及所有這些所帶來的可怕絕望，我仍生活在自己建造的天堂中——這個天堂的天空是地獄之火的顏色，但她仍是個天堂。」這乃是一種性幻想的極致，拉波可夫藉著《洛麗泰》來「嘲弄一個已成爲性自戀主義瘋狂荒原的美國」。

查萊教授指出，《洛麗泰》和一九五〇年代後期許多性小說相同，「主要都以性和通俗文化爲課題；亦即，它們乃是一種將性表現與消費社會其他風貌連結起來的小說。性成了一種表現、自我意識、享樂主義以及表演的態度，女人將性作爲界定她們社會角色的一種方式。……性不是它自身之目的，而是人們證明它自主性的方式；性成爲一種表演，一個劇場。」書中的角色，「既是浪漫的、也是機械的、性已不再是自然力，而是藝術和市場的產品。性成爲一種美學的、固態的、用後即可丟棄的商品——在追求快樂的社會裏」。

一九五〇年代後期，乃是性的消費品化的前哨時期，由於性的表演和劇場性質增加，性遂不再是重要的生殖行爲，而是一個充滿性的消費幻想的行爲。「戀童」這種以往被道德規範強烈壓制的性幻想，開始公開化的被解放了出來，拉波可夫的《洛麗泰》遂成了預示性的先驅著作。

「戀女童症」乃是一種自古已有的社會現象。維多利亞時代上流社會腐敗的小圈子流行戀女童，古代的中國上流仕紳階級對女童及雛妓亦多所歌頌，印度由於平均壽命極低，女童嫁與成年男子亦爲社會習俗之一。但除了印度之外，古代中國和英國，戀女童之事至少並不受到公開的認可。一直到本世紀五〇年代之前，西方對明顯的戀女童案，人們都仍然以強烈的道德觀念予以指責。名演員卓別林一生結婚四次，他的四任妻子中只有一人是超過十九歲，他第四次結婚的新娘爲劇作家尤金奧尼爾之女，他五十四歲，新娘僅十八歲，即頗受公眾非議。英國著名歷史暨政治社會學家約翰拉斯金（John Ruskin）成名之後愛上一名十歲女童，並向該女童家長要求在該女到青春期時下嫁，也爲該女之家人強烈反對。一九四三年好萊塢演員福林（Errol Flynn）和誘兩名未成年女童而被控，造成美國全國關注，舉國視爲大色狼，他最後雖宣判無罪，但人們卻普遍認爲斯人敗德。這些事例均顯示了此類案例均受到道德的譴責。

不過，在五〇年代後期以後，性幻想的被解放，性的消費化，卻使得女童成了性對象。上流社會汲汲於將女童性感化，其遺害所致，女童被性侵略之事遂乃日增。布魯克雪德絲在八歲時就拍攝了裸照，被稱爲「最完美的小女人」（Quintessential Child-Woman）；茱迪佛斯特、娜塔莎金斯基等人成了新的性感女神；美國模特兒界流行塑造未成年女童的性感。十二歲的克麗絲蒂、十三歲的凱瑟琳、十五歲的琳娜，都被塑造成了煙視媚行，作瑪麗蓮夢露狀的模特兒。以女童爲淫行的黃色雜誌如 *Loollitots, Naughty Horny Imps, Moppet* 等亦風行。獻身於保護兒童免受性侵略的魯希女士（Florence Rush）曾指出：少女雜誌爭相將女童性感化，甚至將七歲女童打扮成瑪麗蓮夢露，並宣稱「天眞無知比你想像得更性感」。而紐約模特兒代理人則宣稱「最能賣錢的乃是性感挑逗的娃娃面孔」，在這種文化條件下，人們遂會認爲，女童是性感的，可以作爲性對象的。由於性的本質有著支配與臣服的關係，「洛麗泰情結」的商品化，遂誤導出一種想法，使人相信年紀愈小則愈性感，由於女童對成人均被動，深信不疑，而且少抗拒，因此遂更易成爲性侵略的對象。

女童受到猥褻等性侵害，在世界各國的現行法律體制下都極難作出有效的救濟和保障，其困境如同婦女強暴案。被害女童的家人由於恐懼反覆的法庭陳述與曝光渲染，絕大多數均隱忍下去。縱或少數案子成立，刑期亦未必重到有懲罰遏制的效果。紐約布魯克林區二五六個案例中，只有十三案被判坐監，五案被判送進精神病院，足見法律之不足。

其田復次，五○年代金賽博士曾作過調查，在四四四一名都市富裕階級而受過大專教育的婦女中，二四%在未成年時曾有過性侵略經驗（包括被露體狂騷擾、被過度親暱、猥褻或強暴等），其中的七五%至八○%的性侵略者均爲女童家庭的親戚朋友。由於戀女童者多屬熟識的人，更使這種案子傾向於私了。也正因此，吾人雖可由被報導出來的此種案例日增而肯定這種現象日趨嚴重，但客觀的比較數據則仍欠缺。

性幻想的形式與種類，除了是生物性的，同時也受到文化的制約。性的消費化，將性幻想充分的解放，傳說中用來彎彎曲曲隱喻性禁忌的「妖童」等觀念都告復活，並且被援引爲合法化「洛麗泰情結」的張本。詩人愛倫坡在二十七歲時娶了十四歲的親姪女，後來其妻早凋，愛倫坡有悼亡詩〈安娜貝麗〉(Annabel Lee)，情深意重因而被人頌揚，解釋者並將之浪漫化爲「洛麗泰情結」之始。推波助瀾，「洛麗泰情結」遂衍變爲新的侵犯兒童的問題。

成年男子對未成年女童有特殊的性癖好，這種「洛麗泰情結」，究竟起因如何？在社會體制下，究竟應如何的評價？

對此，佛洛依德的解釋觀點爲：在一個沒有父親的家庭，如果母親的支配陰影強大，則該環境下成長的男子極易有強烈的去勢恐懼，他的「伊底帕斯情結」亦無法獲得紓解，並視成年女子爲母親意象。因此，他「未解決的伊底帕斯情結」遂以未成年女童爲宣洩之對象。

和佛洛依德的解釋觀點能夠相互參證和相互發明的尚多，扼要而言，計有：

——貝爾（Alan P. Bell）及哈爾（Calvin S. Hall）這兩位精神科醫師認爲戀女童者的人格有分裂傾向，個性消極，對成人女子有性恐懼。

——雷維茨（Eugene Revitch）醫師認爲殘障、肢體變型或動脈硬化者，其人格傾向退縮，逃避成人女性，並易產生「洛麗泰情結」。

——史托爾（Anthony Storr）亦認爲成年男子在受挫後易產生性幻想，藉戀女童而滿足「回歸無邪時代的期望」。

——雷維茨醫師、福隆德（Kurt Freund）、斯旺森（David Swanson）等均根據實例研究，認爲正常已婚男子遇重大挫折乃是「洛麗泰情結」發作的關鍵因素，包括妻子突然死亡，家中發生天倫巨變等。

綜合前述各家之觀點，大抵均視「洛麗泰情結」爲一種人格的挫折、退縮和對成年女子的逃避。由許多著名的案例似乎也頗能暗合這樣的解釋觀點。

舉例而言，以寫《愛麗絲遊仙境》童話而名垂至今的卡路爾（Lewis Carroll）乃是一個極端害羞的人，他和任何正常女子都無法談話相處，只有在和女童相處才覺得適意。他是否有「洛麗泰情結」尚難有定論，但他好畫裸體女童則是事實，他和喜歡的女童相處，但到她們成人後，即不再往來。因此，雖然無法證實他是否視女童爲性對象，但至少可斷定他有準「洛麗泰情結」。

前幾年以和誘十三歲女童而轟動一時的大導演波蘭斯基（Roman Polanski），他出生於納粹集中營，母親也死於集中營裏，他自己身高僅五呎五吋，在西方算是矮子，成名後娶妻莎侖泰迪，爲好萊塢著名美女，是名片「娃娃谷」第二女主角，但卻在一九六九年懷孕時被恐怖犯罪集團「孟森家族」殺害。因此，他和誘十三歲女童，以及力捧娜塔莎金斯基，遂被認爲是「洛麗泰情結」的標準案例。他的挫折和天倫慘變的經驗，也被認爲是「洛麗泰情結」產生的關鍵因素。

前面已述及的好萊塢影星福林誘姦女童案，他出生於一個母親獨裁的家庭，母親對他鞭打並強迫他和自己以及親姐妹共浴，對他也進行性挑逗以發洩她對男人的仇恨。因此，福林的案例暗合了佛洛依德的解釋模式。

精神科醫師赫曼（Taffy Herrmann）闡述了多個病例。一個病例和前述的福林相似。另一個病例爲事業有成的矮子（五呎四吋），他雖娶美女爲妻，但卻性無能，只有女童才能消除他性無能之恐懼。另外有個病例是一位著名的文學教授，因爲妻子死亡而產生「洛麗泰情結」。

綜合以上的解釋觀點及病例解釋，我們或許可以發現到，將「洛麗泰情結」視爲一種精神症候，或許並不是合乎社會正義原則的觀點。因爲貫穿了上述解釋觀點及病例解釋的，乃是兩性關係中的權力因素。

權力關係乃是兩性關係中的重要因素。人類的兩性關係，至今仍然是男性價值佔了支配性地位的關係。由於男性價值觀的支配性地位，因此任何性幻想的解放，必然的仍以女性爲其臣屬。具有「洛麗泰情結」者，無論其原因爲挫折或逃避，都可以視爲「支配——抵抗」關係中的一環。男子在性關係上，當遭遇到來自成年女子的挫折時，即傾向於向抵抗力更小的方向移動。於是，未成年女童遂成了受害者。因此，「洛麗泰情結」與其稱爲「情結」，倒毋寧稱之爲「秘思」——一個男性支配文化體系中，性關係競爭失敗者掩飾其失敗，因而轉向於無知、天眞、抵抗力最小的女童的「秘思」。因此，「洛麗泰情結」的本質乃是一種敗德的行爲。

成年男子對未成年女童，在性的權力關係上乃是最不相稱的一種。成年男子依靠著女童的無知、輕信以及毫無抗拒力，將其作爲性對象。由於它的這種敗德本質，當成年男子爲了發洩他的挫折而侵犯女童，普遍均會產生強烈的羞恥感，原有的挫折感不但未曾因此而解除，反而更會加重。一九六九年「美國人道協會」曾在紐約市的兩個區作研究，發覺曾侵犯女童者，有三分之二均有著挫折感和精神混亂，百分之十四的挫折及混亂程度相當嚴重。

至於受到侵犯的女童呢？她們普遍都精神挫折、情緒低落、對人生目標的認定發生混淆，多數女童並會有罪惡感，因而自暴自棄、不服管教，甚或雜交玩世。美國並曾研究發現，在年輕妓女中，七〇%在未成年時都有過被侵犯的經驗，被侵犯促使了她們自棄。

戀女童，無論是任何形式（戀愛、結婚、猥褻、強暴），都非正常的兩性關係。

在文人馳騁其性幻想的傳說及文學中，十八及十九世紀的妖童傳說，均將妖童塑造為半人半精靈，能媚惑人、不道德、詭詐的角色，妖童的媚惑得自她未成年的那種純樸無知的性感，由於這種特質將隨成年而消失，因此妖童必須在成年之前死亡。

拉波可夫的《洛麗泰》中，男主角也說過：「我知道，我已永遠的愛上洛麗泰，但我也知道，她不會是永遠的洛麗泰，她馬上就要十三歲，兩三年之後她就不再是小精靈，而將變成少女。」由妖童傳說及《洛麗泰》小說，似乎告訴了我們，女童之成為男子的性對象，乃是不成熟男性所造成的，男的心智感情永遠不成熟，而女童卻會成長，相互的權力關係將會改變，因此，有「洛麗泰情結」之文人男子期望對方在未成年之時卽死亡。這隱喩了與女童的戀愛乃是一種悲劇——一種要求時間永遠停駐，人們不再成長的悲劇。而這種悲劇，乃是成年男子利用了女童的無知所造成的。

至於等而下之的對女童的不當愛撫、猥褻，甚或強暴，除了有「洛麗泰情結」的因素外，尚有那種欺凌女童無知的因素。對女童的侵犯，由其後遺症，可見雙方都將受害。由於侵犯女童者七五％至八〇％均爲女童熟識的親友師長，侵犯的結果自然摧毀了女童對基本人際倫理的懷疑，人羣的鎖鏈蒙玷，這才是侵犯女童的最大後遺症。

近代，由於將女童性感化的大眾文化，成年男子的性反應範圍，在文化制約下，已包含了女童。福隆德醫師曾作過調查，六至八歲的女童已能使一部分成年男子產生性反應。性反應的這種趨勢，對家中有女的父母應該是個値得注意的現象，如何保護自己的未成年女兒，已是個家長們需要面對的問題。保護自己的女童，倒不是爲了所謂的「淸白」問題，而是要讓她們在成年之前免受侵犯，以免她們對人生懷疑，對世界絕望。近代最著名女作家之一的吳爾芙（Virginia Wodf），著名演員瑪麗蓮夢露，在六歲及十歲時曾被鄰居親友侵犯，她們後來均自殺身亡，她們的自殺和童年的被侵犯，有著密切的關係。

「洛麗泰情結」乃是反社會的情結，與其視之爲精神症候，毋寧視爲正常的犯罪。由西方的先例，我們似乎應該警惕到，由於它相當大的部分受到文化制約。因此，性幻想的任意馳騁是不能不節制的，然而，人性本極醜陋，讓女童及早學到說「不」和「我會告訴爸媽」，可能將使她們減少許多被侵犯的機會。

一九八五、七、十《中國論壇》第二三五期

世界文學中的臺灣「性」文學

剎時之間，臺灣的性文學快速增殖。在社會解嚴，而內部需求擴張使大眾消費時代宣告來臨之際，「禁忌」已反轉成了最好的商品，新的性出版市場，如沙漠般的渴吸各種不會嫌多的供給，性文學和它的親屬——如性雜誌、性電影、性錄影帶、性漫畫等，它們和香菸牙刷相同，已不再是性消費裏稀有的饗宴，而成了普遍的日常用度。在公共世界已逐漸併吞人們的生活世界，而除了極少人之外，已難以改變或參與，於是，性遂成為人們最後的自己。

性文學的櫛比鱗次盛況，使得「前現代」階段的張競生《性史》、林語堂《紅牡丹》、郭良蕙《心鎖》，都成了性文學裏的纏足陳跡。《性史》、《心鎖》都是匿藏在道德巨靈下的懺悔告解，性的背面牽牽絆絆的，仍是一溜裏腳布；而戲仿 D.H. 勞倫斯的《紅牡丹》，乃是性小說的驚奇，它所嘗試建造的是個牧歌式的性底烏托邦，但它一九六一年出版英文原著，漢譯仍稽延了兩個多世代。

然而，新的性文學卻是性文學的質變。在日本的山田詠美先行之下，「床上的眼睛，蝴蝶的纏足」、「傑西的背骨，手指的遊戲」、「靈魂音樂，只有情人」，這些唯感覺的性小說已預兆了臺灣對等物的出現。這是個一切古典標準，例如眞理、宗教、主體、客體的判準，都開始漫漶斑剝的時代，資訊的速度，金屬敲打的速度，恍若電擊掠過各種時間與空間的交切線，一切都不再確定，僅剩下一束束的感覺為最後的實在。黏潮如絲的唾液，末梢的舌蕾，秘處的淫淫氤氳，性成人類的最後鄉愁——對子宮溫濕的最後掛念。新時代的新人種，新人種的新鄉愁，徘徊在世事洞明的犬儒以及不能再化約的性慾之間，性小說已成了最後的語言和橋樑？

「性小說」(Ssexual Fiction)、「黃色小說」(Pornography)、「性愛小說」(Erotic)、「猥褻小說」(Obscenity)，在虛擬的文類之中，曾有過長期的爭論。現代性小說祖師之一的D. H. 勞倫斯即抨擊「黃色小說」是「低俗」、「廉價」、「骯髒」、「下流」。長島大學法律教授路易士(Felice F. Lewis)在《文學、猥褻與法律》一書裏，總結近兩百年美國查禁色情文學的法律紀錄與訟案，也發現在查禁標準日益寬鬆的過程中，一度將具有文學性的色情文學視爲文學而不查禁，但卻查禁認爲沒有文學性的色情文學。其他諸如認爲「黃色小說裏的性，乃是沒有感情的性」等論點，也不斷反覆出現。然而，這種功利式的、獨獨偏愛「好文學家」所寫的黃色小說，其實並無足以令人信服的標準，因此，法國新小說家格利葉 (Alain Robbe-Grillet) 倒是說得好：「黃色小說是他人的性愛小說。」意思是說，無論以任何名稱爲標籤，標籤之後隱藏的品味判斷，都是寓有階層差異的偏見——所有的標籤均是同類，剩下的只是夾槓，而夾槓也正是有關「性」的本質。「色情」、「性愛」、「猥褻」所冠名的作品，都是一樣的東西。

或許，人的受造偶然性即是一些錯誤的堆疊，我們不能從仰視禽鳥的飛行弧線裏讓性得到電荷釋放的慄戰，不能從遠眺綠意裏讓性神經快感。於是，性遂成了一組組被極化了的範疇的轇轕——「佔有——犧牲」、「肉——靈」、「潔淨——淫穢」、「慾我——超我」、「蕃衍——滅絕」。文明的愈趨秩序，意味著人若動物狀態的更加遙遠，被制約的性也就更加的被壓縮到了腦葉的黑暗角落，只有在電光石火的性高潮剎那，才炸射般的集體映現，混沌中恍惚有難明的形狀。性小說單純的就「性」這一點而言，乃是這個恍惚狀態的一部分追記。性的總體記憶若是大象，個別摸索到的是它的局部：佛萊黛 (Nancy Friday) 追索到的是婦女的各種性幻想，艾瑞卡瓊 (Erica Jone) 則將性交柏拉圖化，成爲不存期望的「無縫之肉」（Zipless Fuck）。人變成了絕對理念化的性動物，純粹的造愛是一切的終極；沙德（Marguis de sade）則看到了性的注定毀滅及殘酷性質，它是哥特式巍峨但陰冷詭譎城堡裏的戲目，除了自虐他虐，卽再無其他內容，它使人嘔吐，但嘔吐出來的卻正是部分人之現象。而D.H.勞倫斯及亨利米勒（Henry Miller）所攫握的則是對無能文明的倦怠僞善的逃脫，而進入多血質的祭典式的性世界，甚或自戀的性世界之中。……性的論述場域竭盡了一切的可能，這其實也正是歧異世界的本質。除了這種本質之外，人們在敍述或幻想性的時際，「性」並非以客觀的實體而存在，而是被一組歷史的或社會的脈絡所觀看。因而，閱讀性小說的同時，側面被讀的，可能是成團成簇的歷史。

從這樣的角度看性小說，現代許多沉重的性小說，和中世紀薄伽邱《十日談》等作品裏性故事的享樂主義大相逕庭，印證的似乎正是十八世紀以來西方反覆強化的性壓抑和對女性的歧視。性的罪惡以及自貶式的告解，甚至將中世紀猶存殘跡的「農神祭」生之禮讚亦盡數消弭，而這些又被早期新教資本主義的嚴格生活紀律要求所強化。壓抑的深刻化是「性的撒旦化」狂想反而萌生的淵藪。在《O的故事》（*The Story of O*）裏，這種狂想臻於極致。在法文裏，O是「水」（eau）的雙關諧語，是女性孳育、孕育生命的河海雨水，以至於承托給養胎兒的羊水象徵。因此，匿名的O是女性的泛指。《O的故事》是一種性的形上學和宗教論，故事中的男主角是個混沌的支配形象，O只在絕對性的臣服中才能得到自己；於是，「女男配對」被宗教化，成爲「信眾——上帝」的關係，自虐和虐待也因而成爲一種祭禮！

狂想的、哲學式的性小說，在六〇年代大眾消費文明之後，漸漸讓位給「消費的一代」的新型態性小說。性革命與大眾消費時代的相加，是性的罪惡感消失，性的饕餮一如美食的吞噬，在這個一切均用後即丟，並且過度生產，以至於反芻、咀嚼，以及回味銘刻成了荒謬的時代，性成了透明的自我表演。以往的性是爲了記憶，而現在卻是爲了遺忘。性和自由相仿，它的沉重掙扎，「沉重」就是意義，及至枷鎖脫落，變成輕盈，「輕盈」的「暈眩」(Vertigo)，卻加速了下墜。

性的暈眩，《花花公子》、《閣樓》、《好色客》是中產富裕者的性享樂，財富累積，奢侈而標籤身分的品味消費，婦女消費也被品味化。相對應的女性性小說則是對己的的主體被消費的價值具有高度自覺的中產階級年輕婦女，她們的性價值在《柯夢波丹大都會》雜誌(*Cosmopolitan*)充分的具象化。性非承擔，不需相互性，對性對象不必熟識，而是享樂探險。另外的則是青少年「敲打的一代」(Beat Generation)的延長，他們的性被牧歌化，是他們追求並渴慕的「聖福」(Beatitudes)——「聖福」乃是《新約》《馬太福音》第五章祝讚的所謂「登山寶訓」、「聖經八福」，他們卽以「聖福」的前四個字首自喻。「敲打的一代」的性小說樣本，卽是「性化了的惠特曼」——亨利米勒。其中又有很大一部分是男性藉著性自由之名而對女性作另一型態的性剝削。

而無論《花花公子》式或《柯夢波丹大都會》式的性享樂，或者「聖福」式的性享樂，終究也還是被雄性的性意志所貫透的身體動作，性享樂在這個超級傳播、超級消費、超級速度的超現實時光快車道上奔馳，它和一切事務相同，都成了一掠卽過的糊狀影像——沒有焦點，只是漫漶。文獻變成文件；所有的界限都成了混沌的光帶；肉體不過是一束神經聚合的感覺團塊；繪畫是黑或白，或者全無；音樂成了重金屬敲撞的震盪；而文學在褫奪諸如形上學或其他種種外衣之後，則成了不再釘著於任何實體的符號語言，每串文字都是個圖像或是一次小型的電擊。漫畫家克利派（Guido Crepax）把《O的故事》製作成非常好看的成人漫畫，近代最好的思想家之一羅蘭巴特卽連本文和漫畫一併綜論：這是個其實是從身體到性器都消失的對話，剩下的只有「聲音」——「我聽到，我服從」。由「我思故我在」，而「我性故我在」，倒錯為「我聽到，我服從，故我在」的性自虐虐待，這樣的過程也很可以由近百年性文學的文字變易找到傍證——前述的路易士教授摘錄了近百年性小說所有精采的段落，它的敍述方式變遷過程是：由性是簡單的過場，以至性是氣氛，到性是動作，終至性是器官與聲音，如同席德進所說，「不過是皮膚摩擦的遊戲」？

以性小說解構性神話和性壓抑，實在很難判斷它到底是解構了神話及壓抑？或者僅是解構了人自己？在天堂與地獄的領土已淆惑的時刻，性享樂的火焰究竟是天堂之火或地獄烈焰，也同樣難以辨識。在充滿慌懼，因而「性」已成為「恐慌的性」(Panic Sex)，如同股市行為中的「恐慌的購買」的這個時代，性和諸般種種都恍若黑子般內聚成人們深處的堅塊。因此，性小說作為一個文化現象，它是文化裂變的前奏？或是超級活力癌細胞的增殖？或是性關係改變的前因？或者甚至於「恐慌的性」以及如動物般存在，原本就是世界的終極——尼采所謂的「消極的虛無主義」？

這些，我們都不知道。我們知道的只是——離開天堂仍然極為遙遠！

根據前述有關性小說的探討，而來觀看解嚴之後臺灣性文學的泛濫，我們可以說，同樣的事物降落在不同的時空，連繫出的是不同的意義，矽晶片會成為原始土著的耳墜，土著的便器則可能是西方豪華會所的花皿或古董擺設。性小說在臺灣，也有著自己的意義。

中國從來就有性小說。在禮教大防表面嚴固，而其實卻標準多重、縫隙密佈的舊中國社會，性小說如同春宮圖譜，乃是官紳文士階級享樂主義的一部分——當然通常都會附加一個具有「警世」意義的結論。由於享樂的實質，以及性文化中的種種迷思，它們經常「技術取向」，甚至與性化了的煉丹術合一。性文學在古老的中國不是個反省的範疇，而是雄性支配結構裏器皿化女性的一個側面，它強化了泛女性歧視的文化。

而現在，突然之間，景觀改變。作爲社會控制體系一環的性禁忌，隨著上層政治禁忌的崩塌而瓦解。於此同時，則是社會結構也因財富積累、大眾消費的刺激而趨改變，一個新的泛性文化又告誕生。賓館、性錄影帶、午妻、午夜牛郎、男女關係電視脫口秀、以性爲訴求的商品行銷、對「幼齒」的商品崇拜、《花花公子》型的種種出版品……。爆射而出的性題材，與乍現的公開化政治鬥爭，成爲解嚴後臺灣的主要景觀。

處於如此異質的泛性新文化結構裏，新出現的，以性爲焦點的性文學，也就呈現出高度的異質性。

有這樣的一種小說形式：由女性作家探討男女的情感與社會情事，性是主要部分之一。例如棘茉的《寂寞星期六》、黃子音的《愛情罐頭》……等等，出版社的自覺、作者的自覺、使得這種型態的小說模糊了許多界線——它們或許僅是在敍述許多簡單的都會情事故事。在這個不再有禁忌，而禁忌又蛻變爲可行銷的商品時刻。輕輕的碰觸禁忌的一些面向，遂成爲新的大眾文化面貌之一。而女作家也就成爲被竊窺的對象。出售女作家，「情色小說」（這是此地的名詞），新的都會故事，無疑的正是這個時代極佳的文化出版創意。

而最正統的性文學，無疑的當屬汪笨湖的《落山風》、《嬲》……等。它是鄉土、性、傳奇的綜藝體。在這個鄉土文學已漸失土壤的時刻，汪笨湖帶來的是新的語言——它的拽弄鄉土語言，如同錢鍾書在《圍城》裏拽弄現代語言，以及新的題材——去尋找新的傳奇。新的語言是畫面的剪貼，在汪笨湖的作品裏就是印證，傳奇式的性故事反倒成了不重要的部分。對於這種剛剛開始的嘗試，要看的或許不是現在，而是未來。

以性為主要的題材，在諸如朱天心（《我記得》）、林耀德（《惡地形》、《大東區》等）等作品裏，已有了更加「後現代」的詮釋。朱天心的性已是犬儒的嘲諷，被用來搗碎一切的其他範疇，如政治等，正如同犬儒祖師戴歐津（Diogenes, 412-323 B.C.）在市場公然造愛以粉碎和嘲諷既有的秩序。而林耀德的性則是更加空無的本質性敍述了——這已是一個新的原始社會，一切都已不再有意義，包括性在內，一切都幻成了乍現即逝的感覺！

對於性，我們只能試著揣摩，但卻眞的無法掌握它的確切歸處。臺灣有過許多性小說，郭良蕙的《心鎖》宣示的仍是男性的沙文主義，以及女性對困境的茫昧。李昂的《殺夫》是更懼怖的對比。而現在愈來愈多的性小說，究竟是增強或減弱了原有的支配關係？解嚴後的臺灣並未增多自由的空間，性禁忌解除的現在，性的平等自由又如何？性小說增加的是性自由或奴役？或者是沙豬吊馬子有了更多的好理由？

性是什麼？性自由又是什麼？而愛情又是什麼？我們都不知道，希望未來更好的性小說作者能告訴我們。

一九九〇、十、十九

三民叢刊書目

三民叢刊37
黃昏過客
沙究　著

「爲樸素心靈尋找一些普通相的句子」沙究在獲得時報短篇小說推薦獎時曾對他的寫作有如是的感言，他的作品就是最好的實踐。本書將帶領您從浮生眾相中探索人類心靈的面貌。

三民叢刊38
帶詩蹺課去
徐望雲　著

我們都或多或少的讀過現代詩，但對現代詩的了解卻很少，於是許多譁眾取寵的文字便假借現代詩的名義出現，讓「詩人」成爲一種笑話。本書以輕鬆的筆調、嚴肅的心情，引導讀者更接近、更了解現代詩。

三民叢刊39
走出銅像國
龔鵬程　著

「有筆有書有肝膽，亦狂亦俠亦溫文」，身處時代之中的讀書人，傾聽時代之聲，即使漠然獨立，又豈眞無關切奮激之情？看龔鵬程如何以慷慨纏綿之筆，爲當今的社會文化現象把脈，提出處斷的良方。

三民叢刊40
伴我半世紀的那把琴
鄧昌國　著

本書爲作者歷年來對工作及生活的感懷之作。作者以深厚的音樂素養和經歷，娓娓細訴生命中的點點滴滴。一把琴，陪伴走過半世紀的歲月滄桑，樂音寄託壯志，也撫平了激越胸懷。

三民叢刊41

深層思考與思考深層

劉必榮　著

本書收錄作者過去三年多在中國時報所發表的社論、專欄，以及國際現場採訪報導。不僅是世紀末的歷史見證，也代表了臺灣新一代知識分子，對國際局勢的某種思考與詮釋。

三民叢刊42

瞬間

周志文　著

在本書蒐集的短論中，作者以敏銳的觀察來分析這個急遽變化的世界，試圖找尋一些既存於人類心靈的永恒價值，這些價值並不因現象世界的崩解而全然消失，反而藉著不斷的試煉、考驗而更具體地存在。

三民叢刊43

兩岸迷宮遊戲

楊渡　著

本書收錄作者對兩岸關係一系列的分析報導。作者以新聞記者敏銳的觀察力，探索臺灣命運與前途，並試圖帶領大家由「統獨」「兩岸關係」的迷宮中走出來。

三民叢刊44

德國問題與歐洲秩序

彭滂沱　著

近一世紀來，德國的興衰分合不僅影響了歐洲的政治秩序，也牽動了整個世局。本書以「德國問題」的本質爲經，以歐洲秩序的變化爲緯，探索一八七一年至一九九一年間德國與歐洲安全體系的關係。

三民叢刊45

文學關懷

李瑞騰　著

本書作者長期關懷文學的存在現象與發展趨向，十年來除學術性論述以外，更不時以短文形式直指文學現實。其所爲文，或論本質、或析現象、或記實踐，上下古今，縱橫馳騁。作者筆意凝練，文風篤實，本書六十幾篇短文皆有可觀者。

三民叢刊46

未能忘情

劉紹銘　著

充實的人生，不必帶有什麼英雄色彩或建立什麼豐功偉績。如果我們遇到難以忘情的機緣時，能夠認識其滋潤生命的價值，人生就不會白活。本書作者即以此爲觀點，記錄人生種種未能忘情的機緣巧遇，文字流暢而富感情，讀來著實令人著迷。

三民叢刊47

發展路上艱難多

孫　震　著

本書回顧了過去五、六年間臺灣經歷的經濟、政治、社會等種種變局。作者衷心期望臺灣在經濟發展、社會富有之後，能建立一個富而好禮的社會，而不是熱中私利、踐踏他人尊嚴的貪婪社會。

三民叢刊48

胡適叢論

周質平　著

本書是作者最近三年來有關胡適研究的論文集。文中以胡適爲中心，對五四以來科學與民主思潮的內涵進行分析；對整理國故、民主與獨裁等論爭加以探討；並將胡適與馮友蘭、趙元任、魯迅做比較研究。期能爲研究胡適的學者提供一些方便。

三民叢刊49

水與水神

王孝廉　著

從泰國北部的森林到雲貴高原的村落……從漢民族到少數民族，從神話傳說到民俗信仰……行萬里路固然是爲了好玩和興趣，也爲了保存民族文化的精髓。本書爲作者近年來關於中國民族和人文的文字總集，深情與關懷俱在其中，值得細細品嘗。

三民叢刊50

由英雄的人到人的泯滅

金恒杰　著

本世紀初法國作家筆下的人物還散發著英雄的氣味；存在主義興起，代之而起的是有一張惶惶然不可終日的面目的人；在近期新小說作家筆下，人的世界甚或被化約成物的世界。本書卽透過對各時期作家及其作品的評介，揭示人類心靈不斷探索的過程。

三民叢刊51

重商主義的窘境

賴建誠　著

本書收錄作者近幾年發表的非學術性文章，內容環繞著四個主題：評論當時臺灣經濟與學術界的問題；五篇分析式的書評；對兩位臺灣學術界人物的追憶，以及解說法國年鑑歷史學派兩位創始人的特殊關係；介紹法國學術界與文藝界的一些人與事。

三民叢刊52

中國文化與現代變遷

余英時　著

自十九世紀以來，中國遭受了千古未有之變局，在西潮的衝擊下，中國傳統文化有了那些變化？知識分子又如何肆應此一變局？作爲一個思想史學者，作者對這些問題展現了深刻的觀察和思索，彙集成爲本書。

三民叢刊53

椽溪雜拾

思果　著

本書爲作者近年來旅美讀書心得、生活觀感。作者人生經歷豐富，觀察入微，涉筆成趣，說理深入淺出。觀世的文章，卻沒有說教的味道，詼諧之文寫來沒有做作的痕跡。有美麗如詩的短文，也有談論科學知識的篇章。適合各階層讀者加以細讀品味。

三民叢刊54

統一後的德國

郭恒鈺　著

兩德統一不是西德用馬克吃掉東德，也不是聯邦德國版圖的擴大，而是兩個政經體制完全不同的國家及人民的重新整合。本書從這個角度出發，介紹統一後的德國在經濟、政治、法制、教育以及意識型態等多方面所遭遇到的諸多問題。

三民叢刊55

愛廬談文學

黃永武　著

本書以中國文學詩歌爲主體，爲維護中國文字的正體字而大聲疾呼；爲光揚中國古典詩在現今美學中的價值而細心闡發；對於敦煌新發現的寫卷資料，也用淺顯筆法作應用的示範；對西洋星座起源的追索以及對「圖象批評」的分析，均極具啟發作用。

三民叢刊56

南十字星座

呂大明　著

人生是一段奔馳的旅程，生命的列車載著你、我同四野茫茫的時空飛奔……當你在生旅中奔馳，請爲這本小書逗留片刻，書中有人間至情、生活的哲思、美的闡釋、文學盤古的足音，有清純如童謠般的吟唱，也有鐫心的異鄉情懷……。

三民叢刊57
重疊的足跡
韓　秀　著

因為一份真摯的愛，對文學，對那塊廣袤的土地，對那些親如手足的人；所以有了理解，有了同情，有了尊敬；那怕是擦身而過，也會留下痕跡，留下感觸。本書作者以親身經驗寫她和十多位作家的交往，為當代中國文學史添加幾頁註腳。

三民叢刊58
書鄉長短調
黃碧端　著

本書內容包括文學隨筆、新書短評、域外書介三部分。作者藉由理性的角度、感性的筆調，評論了近幾年來出版的一些小說，兼論及文學界的一些人與事，並對中文西譯的困難展現出相當程度的關懷。

三民叢刊59
愛情・仇恨・政治
朱立民　著

本書論及四部莎士比亞悲劇裡的各類問題：如朱麗葉的父親對悲劇發生的責任、奧賽羅黑皮膚的反諷、漢姆雷特內心的衝突、勞倫斯奧立弗如何改編莎劇及柴弗瑞里如何處理漢姆雷特的戀母情結等等。

三民叢書60
蝴蝶球傳奇
顏匯增　著

本書所力圖企及的絕非所謂的「魔幻寫實主義」，而是企圖尋找一個真正屬於「紙上文字世界」的經驗。作者認為唯有從紙上經驗「本身」獲得真實的感受，才能在諸般迥異於文字世界的世界中，洞見出真正活生生的東西……

三民叢書61

文化啓示錄

南方朔 著

目前的臺灣正在走向加速的變革中，相應的變革之後的「文化」改變卻明顯的落後太多。「文化」與現實的落差是作者近年鍥而不捨於「文化」問題的原因，本書則是提供讀者一個思考的空間。

三民叢刊62

日本這個國家

章陸 著

本書從東、西方及過去、現在、未來等衝擊與演變，綜看日本的萬象。作者以旅日多年的見聞，根據今昔史實，敍述日本的風土習俗、文化源流、天皇制度、政壇人物、社會現象等等，並比較其互為因果，以期能向國人提供認識日本的一些參考資料。

三民叢刊63

在沉寂與鼎沸之間

黃碧端 著

本書是作者對當今時事的分析評論集，篇篇都有獨到的見解，觀察入微、議論平實。除了能啟發讀者另一層思考外，亦展現出高度的感性關懷。在紛擾鼎沸的世局中，是一股永不沉寂的清流，值得關心國事的人，同來思考與反省。

國立中央圖書館出版品預行編目資料

文化啓示錄／南方朔著. --初版. --臺北市：三民，民82

面；　公分. --(三民叢刊；61)

ISBN 957-14-2012-3 (平裝)

1.文化、論文，講辭等

541.207　　　　82005981

©文化啓示錄

著者　南方朔

發行人　劉振強

著作財產權人　三民書局股份有限公司

印刷所　三民書局股份有限公司

地址／臺北市復興北路三八六號五樓

郵撥／〇〇〇九九九八──五號

初版　中華民國八十二年八月

編號　S 54020

基本定價　叁元柒角捌分

行政院新聞局登記證局版臺業字第〇二〇〇號

ISBN 957-14-2012-3 (平裝)